비유의 窓

이창림 지음

프라미스

머리말

　태초에 천지와 만물을 지으신 하나님께서 자신의 모양(창 1:26)대로 지어 놓고 "보기에 심히 좋았더라" 하셨고 그들과 함께 어울려(창 3:8) 그들에게 영광을 받고자 하셨으나 학설에 따르면 타락한 천사라고도 하는 간교한 뱀의 등장(창 3:1)으로 인하여 인간이 하나님의 위치에까지 도전(창 3:5)하여 하나님 같이 되려다가 타락하는 바람에 생기를 잃고 十二支 곧 子(쥐띠), 丑(소띠), 寅(호랑이띠), 卯(토끼띠), 辰(용띠), 蛇(뱀띠), 午(말띠), 梶(양띠), 申(원숭이띠), 柳(토끼띠), 戌(개띠), 亥(돼지띠) 이렇게 해서 인간은 태어날 때부터 각각 열두 가지 짐승의 띠를 지니고 세상에 태어났기 때문에 성경에 등장하는 열두 종류의 짐승은 곧 사람을 가리켰건만, 정작 사람들은 그 사실을 부인하고 누가 알려줘도 인정치 않는 것이 오늘날의 실상이지요. 이것은 물론 영적인 의미이긴 하지만… 곰곰 생각해 보면 우리 인간들의 속(속사람)에는 물어뜯는 개의 근성이 있는가 하면, 순하디 순한 양의 근성과 세상의 썩어질 것을 구하는 돼지의 근성도 있으며 그야말로 천 층 만 층 구만 층일진대, 그중 빛의 자녀들은 각기 자기를 부인하며(짐승의 근성) 세마포 준비에 한창이건만, 귀 먹고 어눌한 어둠의 자녀들은 허송세월로 종말을 향해 달리다가 주님의 덫과 같은 그 한날을 당하게 되면 어두움에 내쫓기어 이를 갈며 슬피 욺이 있다고(마 8:12) 예수님께서 말씀하셨지요…!

　오~ 할렐루야~

여기서 잠깐!!

　예수께서 이 땅에 오신 목적은 하나님 모양대로 지음을 입은 인생들이 에덴동산에서 뱀(사탄)의 꾐으로 말미암아 짐승의 형상으로 떨어진 인생을 구원시켜 다시 하나님의 형상을 입히시고자 찾아오셨건만, 대개 사람들은 예수를 믿으면 천국이요, 예수를 믿지 않으면 지옥에 간다는 그 한 가지 사실밖에는 모르는 게 현실인데. 알고 보면 구원은 그렇게 단순한 길만 있는 것이 아닌, 첫째로 십자가에서 예수님을 만난 오른편 강도같이 평생을 강도짓만 일삼다가 임종 시에 예수 이름 한 번 부르고 낙원(눅 23:40-43)에 들어간 부끄러운 구원이 있는가 하면, 두 번째로 예수님(마 27:46)이 십자가상에서 "엘리 엘리 라마 사박다니, 하나님 아버지여 어찌하여 나를 버리시나이까" 하며 하나님 아버지를 애타게 부르며 운명하신 순교의(구원) 구원의 길과, 세 번째로 엿새 후에(마 17:1-8) 제자 셋이 예수님과 함께 변화산에 올라가 홀연히 빛난 옷(세마포)으로 갈아입고 모세와 엘리야를 만나 이야기하는 가운데 "이는 내 사랑하는 아들" 이라는 놀라운 음성을 듣고 변화 받는 곧 육신의 구원의 길을 열어놓으셨는데… 그러면 나는 어떤 길을 택할 것인지, 그것은 다만 각자의 몫으로 남지요! 아멘. 그 창림.

목차

머리말 _ 2
여기서 잠깐!! _ 3

第一券. 말씀   9
第二券. 성전과 우상   10
第三券. 족보와 다말   11
第四券. 기생 라합   15
第五券. 과부 룻   17
第六券. 우리아의 아내 밧세바   20
第七券. 동정녀 마리아   24
第八券. 또 다른 족보(복귀)   25
第九券. 예수의 탄생(초림)   26
第十券. 참 빛   30
第十一券. 동방박사   32
第十二券. 동행   34
第十三券. 세례 요한   37
第十四券. 가나의 혼인잔치   43
第十五券. 세례 받는 예수   45
第十六券. 마귀의 시험   48

第十七券. 예수님의 복음 전파	53
第十八券. 산상수훈	56
第十九券. 소금과 빛	60
第二十券. 자기의 상	63
第二十一券. 이방인의 기도	65
第二十二券. 주기도문	66
第二十三券. 보물 곧 보화	69
第二十四券. 들보	71
第二十五券. 거룩한 것	72
第二十六券. 좁은 문	73
第二十七券. 문둥병 환자	75
第二十八券. 예수님 영접	77
第二十九券. 열병	78
第三十券. 어떤 서기관의 믿음	79
第三十一券. 고물 칸의 예수	81
第三十二券. 중풍병	83

第三十三券. 사람의 아들	85
第三十四券. 금식	87
第三十五券. 가죽부대	89
第三十六券. 믿음	90
第三十七券. 혈루증 환자	92
第三十八券. 소경	93
第三十九券. 벙어리 귀신	96
第四十券. 천국 복음	97
第四十一券. 무덤	99
第四十二券. 권능	102
第四十三券. 하늘에서 내린 떡	105
第四十四券. 떠나는 제자	107
第四十五券. 지혜로운 뱀	109
第四十六券. 자기 집, 집 주인	110
第四十七券. 자기 십자가	111
第四十八券. 세례 요한의 죽음	113
第四十九券. 성령의 귀	116

第五十券. 아버지와 아들	118
第五十一券. 밀밭	120
第五十二券. 좋은 열매	121
第五十三券. 표적	122
第五十四券. 인자	124
第五十五券. 예수의 모친	127
第五十六券. 양의 우리	129
第五十七券. 신	131
第五十八券. 천국	133
第五十九券. 마르다와 마리아	140
第六十券. 무덤	142
第六十一券. 세상 끝 (종말)	145
第六十二券. 고향	146
第六十三券. 순교	148
第六十四券. 오병이어	150
第六十五券. 칠병이어	152
第六十六券. 바람	154

맺음말 _ 157

第一券. 말씀

1. 태초에 말씀이 계시니라 이 말씀이 하나님과 함께 계셨으니 이 말씀은 곧 하나님이시니라(요 1:1)

● 말씀이 태초부터 계셨다고 하셨고 이 말씀이 곧 하나님이시라고 하셨으니, 이로 보건대 말씀이 인류보다 먼저 계셨다는 증거로서 하나님은 창조주요 인간과 각종 동식물은 피조물이라 하지요. 아멘!!

2. 여호와 하나님이 흙으로 각종 들짐승과 공중의 각종 새를 지으시고 아담이 어떻게 이름을 짓나 보시려고 그것들을 그에게로 이끌어 이르시니 아담이 각 생물을 일컫는 바가 곧 그 이름이라(창 2:19)

● 간단히 말해서 하나님은 창조를 하셨고, 피조물 중에서 자기 모양과 형상 곧 만물의 영장류인 사람(아담)에게 각종 피조물의 이름을 지으라는 특권을 주셨으니 만약에 하나님이 아니시면 사람의 존재가치는 있을 수 없으며 하나님도 역시 사람이 아니라면 누구를 통해서 영광을 받으실까요. 오~ 할렐루야!

第二券. 성전과 우상

3. 하나님의 성전과 우상이 어찌 일치가 되리요 우리는 살아계신 하나님의 성전이라 이와 같이 하나님께서 가라사대 내가 저희 가운데 거하며 두루 행하여 나는 저희 하나님이 되고 저희는 나의 백성이 되리라 하셨느니라(고후 6:16).

- 대개의 인간들은 우상이라고 하면 아주 멀리에다 놓고 저 무속인이나 아니면 절간에서 갖은 영광을 받는 부처를 떠올리며 자기는 우상과 아무 상관도 없는 줄 생각하겠지만, 사실은 한 공간에서 공생공존하며 살고 있는 것이 바로 세상이지요. 또한 신약을 보면 "저희"와 "너희"라는 두 가지 단어가 많이 등장하는데, 자세히 볼 것 같으면 예수는 한 분이 맞지만 가까이서 동행하며 따르는 제자들에게는 "너희"라고 부르셨고 또 자기들도 행치 못하는 세상 율법대로 살려고 고집하는 바리새인들에게는 "저희"라고 하신 것이 잘 나타나 있는데, 본문에 저희에게 "내가 저희 가운데 두루 행하여 나는 저희 하나님이 되고 저희는 나의 백성이 되리라" 하셨지요. 아멘!

4. 그러므로 주께서 말씀하시기를 너희는 저희 중에서 나와서 따로 있고 부정한 것을 만지지 말라 내가 너희를 영접하여 너희에게 아버지가 되고 너희는 내게 자녀가 되리라 전능하신 주의 말씀이니라 하셨느니라(고후 6:17-18).

● 무슨 설명이 더 필요할까요? 평생을 제사장 반열의 종으로 살 것인가요, 아니면 하나님의 자녀로 살 것인가요? 한번쯤 생각해 보기를 바라며 만약 너희라는 무리 안으로 들어올 자는 부정한 것을 만지지 말며 저희 중에서 나오면 "나는 너희에게 아버지가 되고 너희는 내게 자녀가 되리라"(고후 6:18) 또 말씀이 하나님이라 (요 1:1) 하셨으니 순종합시다. 아멘!!

❦ 말씀에 "믿음대로 될지어다"라는 단어가 나오는데. 당신은 무엇을 믿나요? 하나님만 믿으면 다 같다고요? 그건 천국을 모르는 자의 무지에서 나오는 억지 주장이지요. 보는 눈이 어두운 곧 영안이 없는 자기 자신을 깨닫지 못하고 못 듣던 말이라도 누가 할라치면 들어볼 생각은 고사하고 무조건 이단이라는 낙인을 찍어 배척하는 것은 매우 위험한 발상이지요. 자신의 신앙만 확고하다면야 무엇이 두려울까마는 들을 것은 듣고 따져본 후에 판단해도 늦지는 않을 테니 일단 들어보고 나서 분별하고 자신의 분수를 안 후에 되도록이면 상대방의 인격도 존중해서 불편한 매듭만큼은 짓지 말았으면 좋겠네요.. 아멘.

第三券. 족보와 다말

❦ 우리가 사는 인간 사회에는 자기 조상들의 뿌리를 알 수 있는 족보라는 책이 존재하는데(개중에는 족보가 없는 가문도 적지 않겠지만), 그것은 기록이 돼 있지 않았을 뿐이지, 뿌리 없는 나무는 세상에 없지요. 심지어 혈통이

좋다는 짐승 중 개까지도 자기 집 개는 족보 있는 개라는 자랑을 늘어놓는 게 바로 세상사일진대, 그 족보가 인간 사회에만 존재하는 줄 알았으나 성경을 보니 하나님의 세계에도 존재한다는 것을 알게 됐는데, 마태복음 1장 첫머리에 "아브라함과 다윗의 자손 예수 그리스도의 세계라, 아브라함이 이삭을 낳고 이삭은 야곱을 낳고"라고 시작해서, 마리아에게서 "그리스도라 칭하는 예수가 나시니라"로 내려오는 족보의 끝을 맺었고, 또한 예수의 때로부터 지금까지 성령을 받아 이어져 내려온 선지자들이 우리들 눈에는 보이지 않을지라도 하나님의 나라에는 분명히 기록돼 있을 줄로 믿습니다. 전에는 그냥 지나쳤던 사실들을 새롭게 알고 나니 신기하기도 하고 다른 한편으로는 두렵기도 한 게 사실이지요. 그런데 인간의 족보(상속권)에는 잘났거나 못났거나 장남 곧 장자만이 족보에 올라가는 특권이 있건만, 여기(성경)에서는 혈통의 장남뿐이 아닌 차남이나 누가 됐건 능력만 인정받으면 올라가고 또한 여자의 이름도 다섯(다말, 라합, 룻, 우리야의 아내, 마리아) 사람이나 예수님 족보에 올라 있는 것을 보게 되는데, 그러면 우선 족보에 올라 있는 여자 한 사람 한 사람씩 찾아서 그들의 출신 성분과 행적을 살펴보기로 하십시다. 아멘.

5. 유다는 "다말"에게서 베레스와 세라를 낳고 (마 1:17).

- 첫 번째로 "다말"이라는 한 여인이 등장하는데, 이 다말은 구약에서 매우 정숙하지 못한 여인으로 더 많이 알려져 있으나 성경은 사람들을 위해서 그들에게 읽고 또 믿고 지키라고 기록한 것이 바로 성경일진대 그 참뜻이 숨겨져 있다는 사실은 모를 일이며, 여하튼 구약(창 38:6)에 등장하는 이 다말을 읽다 보면 인간 사

회에서는 도저히 용납되지 못할 부정한 여인 같기도 하건만, 예수님 족보에 그 이름이 오른 것을 볼 때에 우리가 알지 못하는 인봉된 비밀이 있는 것은 그때나 지금이나 씨(후사)의 소중함이 그만큼 막중하다는 증거로써 인간 가문의 족보를 보더라도 그 부피가 대단합니다. 구약 때에 아브라함 때부터라면 가히 짐작도 못할 만큼 긴 세월을 내려오며 기록된 그 숫자가 분명하건만, 너무 간단하게 이뤄진 것을 볼 때에 성경 속의 감춰져 있는 또 다른 비밀을 실감하게 되지요. 족보에 올라 있는 인물들 하나 하나를 살펴볼 때에 그 자리에(족보) 올라 있는 축복을 무엇과 비교할 수 있을까마는 그 자리에 오르기까지의 크고 작은 어떤 부분 곧 베레스의 아버지기도 한 유다는 야곱의 아들 열두 형제 중에서 넷째 아들로 태어나 앞의 형 셋을 제치고 하늘의 홀(왕권) 곧 상속권을 유업(창 49:10)으로 받는 행운을 소유했지요. 아멘!

6. 홀이 유다를 떠나지 아니하며 치리자의 지팡이가 그 발 사이에서 떠나지 아니하시기를 실로가 오시기까지 미치리니 그에게 모든 백성이 복종하리로다(창 49:10).

- 성경에 올라 있듯이 유다에게 축복을 준 그 아버지 야곱이 가장 아끼고 사랑하는 아들 열두 형제 중에서 요셉(그도 물론 족보에 올랐지만)과 막내아들 베냐민이란 것을 모르는 이가 없을진대 요셉은 형들의 시기로 인해 애굽으로 팔려 가는 수모 끝에 하나님의 특별한 배려로 애굽의 총리의 자리까지 올라서 갖은 권세와 부를 누리는 세상의 축복은 받았을지라도 내세의 홀(왕)은 유다가 받

았던 것으로, 성경 속 말씀은 거의 모두가 비유로 돼 있어 세상 지식으로는 절대 풀 수가 없다는 사실을 명심해야 할 것이며, 본문에서 치리자(왕)의 지팡이(능력)가 그 발 사이에서 떠나지 않고 실로(메시야)가 오시기까지라고 했는데, 그러면 두 발 사이에는 과연 무엇이 있을까요! 어렵게 생각할 것도 없이 남자의 두 발 사이에는 신낭 씨의 원천이 달려 있지 않던가요? 그러면 다말은 이 비밀을 과연 알고 그랬을까요? 하지만 이 사건은 유다가 축복받기 이전의 일일진대, 폐일언하고 아마도 과부로서 씨에(상속권) 대한 절박감과 하나님의 사랑과 축복이 어우러졌으리라 짐작되지만, 더 깊은 뜻이야 알 수 없으며 우리가 생각하듯이 다말은 그런 부정한 여인이 아닌 것만은 확실하지요. 할렐루야!

☘ 만약에 세상에서 며느리와 시아버지 간의 불륜이라면 그건 생각할 여지도 없는 끔찍한 일이거니와 행여 있더라도 돌에 맞아 죽어야 마땅하겠지만, 성경에는 그런 흔적 없이 당당하게 족보에 올라 있는 것은 모든 것이 비유로써 세상 이치로 하늘은 "양" 곧 남자요 땅은 "음"으로 여자를 뜻하지요. 그러므로 모든 피조만물을 창조하신 하나님은 영적으로 남자의 존재시므로, 사람도 남자와 여자 중에 남자는 하나님의 대상이지요. 만물 중 짝 없는 것은 하나도 없으며(사 34:16) 그중 한쪽은 "양" 다른 한쪽은 "음"으로 풀이가 되지요. 할렐루야 아멘.

第四券. 기생 라합

7. 살몬은 라합에게서 보아스를 낳고 보아스는 룻에게서 오벳을 낳고 오벳은 이새를…(마 1:5).

❦ 두 번째로 "라합"이 등장하는데, 그는 기생 출신의 여인으로, 그때나 지금이나 기생이라면 사람들에게 호감을 받는 게 아니라 멸시와 천대의 대상일진대, 왜 하필이면 기생이 예수님의 족보에 올랐다는 말인가요! 아무리 잘나고 똑똑할지라도 기생은 기생일진대… 하지만 따지고 보면 기생들은 돈이나 지위나 사랑이나 형편에 따라 주인(손님)을 수시로 바꾸는 정절이라고는 찾을 수 없는 게 기생일진대, 그러면 우리 자신의 속마음(속사람)을 한번 들여다봅시다. 돈 많고 지위 높은 사람을 보면 나도 한번 돈을 많이 벌어서 출세를 누려보고 싶고, 지식 많은 사람을 보면 공부하고 싶고, 자식 잘 둔 사람을 보면 나도 자식을 훌륭하게 키우고 싶고, 신앙 좋은 사람을 보면 나도 한번 신앙에 푹 빠져서 성령을 받고 싶은, 하여간 갈대와 같이 바람 부는 대로 흔들리고 수시로 바뀌는 것이 사람의 속성임을 알아야 하겠는데, 그런 우리는 내 속의 주인을(속사람) 몇 번이나 바꾸며 세상의 눈치 보며 살았는지 자신을 되돌아보는 계기로 삼읍시다. 오죽하면 사람을 갈대에다 비유하셨을까! 이해가 될지 모르겠으나 인간은 누구나 다 영적인 기생이 아니라고 누가 장담할 수 있을까요? 오~ 할렐루야!

8. 눈의 아들 여호수아가 싯딤에서 두 사람을 정탐으로 가만히 보내며 그들에게 이르되 가서 그 땅과 여리고를 엿보라 하매 그들이 가서 라

합이라 하는 기생의 집에 들어가 거기서 유숙하더니(수 2:1).

● 여기에 등장하는 기생 라합이 만일 여리고의 성주 한 사람만 섬기며 그 나라에 충실한 삶의 평범한 백성의 하나였다면 이스라엘의 정탐꾼들을 영접해서 자기 나라의 정보를 빼가도록 도왔을까요? 그런 일은 도저히 있을 수가 없지요. 아멘 할렐루야!

9. 말하되 여호와께서 이 땅을 너희에게 주신 줄을 내가 아노라 우리가 너희를 심히 두려워하고 이 땅 백성이 다 너희 앞에 간담이 녹나니 (수 2:9).

● 이 글로 미루어 여리고 사람들은 이스라엘 백성이 쳐들어 올 것을 이미 예감하고 있었으며, 여러 가지 정황으로 비추어 라합의 들은 소문으로는 이스라엘 백성은 하나님이 택한 민족이며, 그들이 쳐들어오면 여리고 성은 무너질 것이라는 예측하고 신상의 위험을 무릅쓰고 정탐꾼을 숨겼기에 그 성이 무너질 때에 라합 본인뿐 아니라 친정집 식구까지 구원시켰으며, 그 인연을 계기로 귀한 아들(보아스)을 낳아서(마 1:5) 예수님 족보에 올라 지금까지 그 이름이 빛나는 행운을 영원토록 누리고 있지요. 오~ 할렐루야!

10. 이 성과 그 가운데 모든 물건은 여호와께 바치되 기생 라합과 무릇 그 집에 동거하는 자는 살리라 이는 그가 우리의 보낸 사자를 숨겼음이니라(수 6:17).

● 라합은 처음부터 두 정탐꾼을 숨겨준 대가로 친정집 부모 형제와 그 집에 동거하는 친척들까지 모두 구원시키리라는 확신이 과연 있었을까요? 인간으로서는 상상치도 못할 만큼 참으로 대단한 사건이었지만, 라합은 부지중에 쫓기는 그 정탐꾼 두 사람을 숨겨준 선한 행실의 대가로 자신뿐만 아니라 친정집 식구들까지도 구원받게 하여 자신이 생각지도 못하던 하나님의 크나큰 축복을 받아서 누리는 영광이 족보에 오르게 되었던 것이지요. 할렐루야 아멘!

第五券. 과부 룻

11. 살몬은 라합에게서 보아스를 낳고 보아스는 룻에게서 오벳을 낳고…(마 1:5).

● 세 번째로 등장하는 여인이 바로 룻인데, 룻기를 읽다가 보면 룻은 모압 곧 이방 여인이요 뜻하지 않게 남편을 잃는 바람에 일찌감치 과부가 된 모압 사람 이방 여인에 불과했습니다. 할렐루야!

12. 사사들의 치리하던 때에 그 땅에 흉년이 드니라 유다 베들레헴에 한 사람이 그 아내와 두 아들을 데리고 모압 지방에 가서 우거하였는데(룻 1:1).

● 본문에 의하면 유다 땅에는 큰 흉년이 있었고, 그 흉년으로 말미암아 유다 베들레헴 사람 엘리멜렉이 그 가족(나오미와 두 아들)을 데리고 모압에 가서 살게 되었는데, 그때나 지금이나 남녀 불문하고 혼기가 되면 결혼을 시키기 마련으로 그 아들들을 위하여 그곳(모압) 여인을 며느리로 맞은 여인이 바로 룻이라는 여인일진대, 거기까지는 보통 평범한 사람들과 별 차이 없이 평범하다고 하겠습니다. 오~ 할렐루야!

13. 나오미가 두 자부에게 이르되 너희는 각각 어미의 집으로 돌아가라 너희가 죽은 자와 나를 선대한 것같이 여호와께서 너희를 선대하시기를 원하며(룻 1:8).

● 나오미가 모압 생활을 한 지 얼마 되지 못해서 남편과 두 아들마저 잃게 되자 고국으로 돌아가기로 작정하고 그 며느리 둘마저 친정으로 돌려보낸 후에 모든 걸 정리하고 나서 혼자서 유다 베들레헴으로 돌아가려 하여 우선 며느리들에게 친정으로 돌아가라고 권유하는데, 룻은 한사코 친정이 아닌 나오미를 붙좇아 유다로 와서 시어머니를 모시고 고된 타국 생활과 며느리로서의 도리를 다하며 살았는데, 사실 여자라면 출신이야 어찌 됐건 일단 시집을 가게 되면 그 집이 바로 자신의 집이요 고향이 되는 것과 같이 우리 신앙인들도 출신이야 과거 악한 죄인에 불과했을지라도 그리스도의(신앙) 가문으로 시집 가기 위해 세상에서 즐기던 오락과 정욕을 절제해 가며 예수님의(그리스도) 계명을 따라 자기의 십자가를 지고 그 예수님의 가시는 발자취를 따라서 걷고 있

는 것은 아닐런지요. 오~ 할렐루야!

14. 나오미가 자부에게 이르되 여호와의 복이 그에게 있기를 원하노라 그가 생존한 자와 사망한 자에게 은혜 베풀기를 그치지 아니 하는 도다 나오미가 또 그에게 이르되 그 사람은 우리의 근족이니 우리 기업을 무를 자 중 하나이니라(룻 2:20).

● 유다 사람 엘리멜렉의 가문에 보아스라는 유력한 사람을 가리켜 시모가(나오미) 룻에게 전한 말로 그는(보아스) 사회적인 지위와 하나님을 믿는 중심이 대단하다는 것을 알 수 있으며, 그 당시에 나라 풍습은 사정에 의해 땅과 집을 팔았더라도 형편이 나아지면 다시 무를 수 있는데, 혈통으로 가까운 근족이면 무를 자격이 있다는 얘기인즉, 하나님께서는 신앙인 중에 경건하고 충성된 사람을 찾아 복을 주시는데, 그 당시 룻의 고충을 생각하면 그게 어찌 순식간에 공짜로 생긴 행운이라 할 수 있으리요마는 모든 어려움을 극복하고 힘겨운 고충을 감당한 대가로 씨를(보아스와 살몬) 받아서 그 유명한 다윗 왕의 증조 할머니로, 자랑스러운 영광의 예수님 족보에 룻이라는 이름으로 당당히 올라갈 수 있었지요. 할렐루야!

第六券. 우리아의 아내 밧세바

15. 다윗은 우리아의 아내에게서 솔로몬을 낳고 솔로몬은 르호보암을 낳고(마 1: 6).

- 네 번째로 우리아의 아내 밧세바가 등장하는데, 그 밧세바는 남편(우리아)이 있는 유부녀로서 다윗 왕의 눈에 들어서 왕의 그릇된 행실과 불륜으로 인하여 그 남편 우리아를 전쟁에서 잃고 말았습니다. 할렐루야!

16. 저녁때에 다윗이 그 침상에서 일어나 왕궁 지붕 위에서 거닐다가 그 곳에서 보니 한 여인이 목욕을 하는데 심히 아름다워 보이는지라 (삼하 11:2).

- 본문을 읽다 보면 하나님의 참 빛을 따라서 하나님을 영접하고 그 하나님의 뜻대로 살며 양을 치던 다윗(주님의 상징)이 저녁나절에(어둠) 자기 침상에 눕지를 않고 침상에서 일어났다는 것은 빛이 아닌 어둠에(세상) 잡혔다는 뜻으로 해석할 수가 있으며, 왕궁의 지붕 위라는 것도 자기는 이 나라를 다스리는 통치자라는 것을 과시하는 뜻이기도 하며, 거기에다 밧세바는 남편이 있는 유부녀의 몸으로 왕의 시선을 끌기 위해 왕의 눈에 가장 잘 띄는 곳에서 옷을 벗고 목욕을 했다는 것은 어딘가 석연치 않은 행동으로써, 이유를 불문하고 그들은 불륜의 정을 통하기에 이르렀

고, 그로 인하여 잉태까지 했으니 왕으로서의 위신과 체면이 그 야말로 난처한 입장이 되고 말았지요. 오~ 할렐루야!

17. 저가 또 우리아에게 이르되 네 집으로 내려가서 발을 씻으라 하니 우리아가 왕궁에서 나가매 왕의 식물이 뒤따라 가니라 그러나 우리아는 집으로 내려가지 아니하고 왕궁 문에서 그 주의 신복들로 더불어 잔지라(삼하 11:8-9).

- 일이 이쯤 되자 왕이 전쟁터에 있는 밧세바의 남편 우리아를 불러다가 그 아내와 동침토록 하여 자신의 추악한 불륜을 덮으려고 했지만, 우리아는 나라의 앞날을 걱정하는 충신인지라, 동료들은 전쟁터에서 싸우고 있는데 어찌 자기 혼자 따뜻한 방에서 아내와 같이 잘 수가 있겠냐며 왕의 호의를 한사코 받아들이지 않자 왕은 한 술 더 떠서 그를 전쟁터에서 죽도록 악한 계교를 꾸미기에 이르렀는데, 요즘도 남의 여자에게 빠져서 패가망신하는 사건들이 심심치 않게 발생하기도 하지만, 다윗 왕 역시 남의 여자의 미모에 눈이 뒤집혀서 자신의 죄를 회개하기는커녕 하나님과 자신의 충신 우리아를 죽게 만들고 결국에는 혹독한 대가를 치르게 되지요. 오~ 할렐루야!

18. 이제 네가 나를 업신여기고 헷 사람 우리아의 처를 빼앗아 네 처를 삼았은즉 칼이 네 집에 영영히 떠나지 아니하리라 하셨고(삼하 12:10).

- 밧세바의 미모가 아무리 출중했을지라도 다윗의 그릇된 행위는

천벌을 받아야 마땅할진대, 다윗 왕은 하나님을 기쁘시게 해드리고 하나님께 사랑을 받은 동시에 영원한 축복의 약속(삼하 7:4-17)까지 받은 사람인고로 선지자 나단을 통하여서 두려운 경고의 메시지(시험)도 함께 받았지요. 아멘 할렐루야!

19. 다윗이 그 처 밧세바를 위로하고 저에게 들어가 동침하였더니 저가 아들을 낳으매 그 이름을 솔로몬이라 하니라(삼하 12:24).

- 지금까지는 밧세바가 있기까지의 과정으로, 그러면 그 밧세바는 어떤 여인이었을까요? 그것은 각자 생각하기 나름이겠지만, 분명한 것은 평범한 가정주부였지요. 이 사건을 놓고 여기서 역설적으로 한번 생각해 본다면 밧세바가 우리아라는 남편 한 사람만으로 만족한 요조숙녀였다면 이런 불미스러운 일은 발생하지 않았을 것은 당연한 논리지만, 만약에 그러한 큰 사건이 없었다면 밧세바라는 여인은 예수님의 족보라는 것을 알지도 못하고 생을 마쳤을 것이며, 더불어 지혜의 왕으로 널리 알려진 솔로몬이라는 이름도 세상에 태어나지 못했을 것이라는 논리인데, 요즘 평범한 사람으로서는 생각지도 못할 사건이 벌어진 것은 우연히 생긴 것이 아니며 세상 사람 어느 누구의 뛰어난 재주나 스스로의 지혜도 아닐진대, 그것은 바로 전능자시요 창조주이신 하나님께서 태초에 인생을 지으실 적에 이미 하나님의 계획된 각본에 짜여져 있었던 것은 아닐런지요. 오~ 할렐루야!

♣ 나의 짧고 부족한 설명만으로는 만족한 해답을 얻지 못했을 줄로 여

겨 비유를 들어 더 상세히 설명을 부연하자면 하늘나라는 침노하는 자의 것이라(마 11:12)는 성경 구절이 있는 그 천국은 침노하지 않고서는 그 자리에 들어갈 수가 없다는 사실을 알아야 하겠으며, 문장으로는 다윗 왕 한 사람에 관한 이야기 같지만, 비유로 보건대 다윗 왕은 사실 영적인 신랑 주님의 대상임을(그리스도) 알아야 하겠지요. 그런 사건이 있었기에 예수님의 족보 책에 이름이 오를 수 있지 않았나 싶으며 또 한 가지 비밀은 우리아는 예쁜 아내를 둔 탓으로 억울한 죽음을 맞았을지라도, 사랑이신 하나님은 그냥 지나쳐 버리지 아니하시고 이제 다윗의 아내를 "우리아의 아내"라는 이름으로 예수님 족보에 둘이 나란히 올라 있는 것을 읽을(삼하 11:3) 수 있는데, 이것은 어디까지나 사람의 뜻이 아닌 하나님의 뜻임을 알아야 하겠지요. 할렐루야 아멘.

구름아!!

 구름아 너는 누구를 위하여 아름다운 예복단장으로 두둥실 자태를 뽐내느냐 네가 입은 그 옷 누가 지었길래 그리도 곱고 부드럽더냐 너는 인간의 그 미운 악성도 없고 분쟁도 없을 테니 얼마나 좋을까!

第七券. 동정녀 마리아

🍀 다섯 번째 마지막으로 예수님 족보에 올라 있는 여자 중 동정녀(숫처녀) 마리아가 등장하는데…

20. 야곱은 마리아의 남편 요셉을 낳았으니 마리아에게서 그리스도라 칭하는 예수가 나시니라(마 11:16).

● 족보에 그 이름이 올라 있는 사람 중에 이 다섯 여자는 천국을 침노하는(마 11:12) 그런 마음으로 어렵사리 남편의 아들(후사)을 낳아 예수님의 족보에 그 이름이 올라 있는 것을 볼 수 있는데… 세상적으로는 절대로 용납될 수 없는 출신 성분인 시부와 며느리(마 1:3), 정탐꾼과 기생(마 1:5), 남편 가문의 근족과 과부(마 1:5), 왕과 유부녀(마 1:6), 총각과 이미 수태한 처녀(마 1:16), 그야말로 인간 세계에서는 상상할 수조차 없고 이해되지 않는 일이지만, 사람이 아닌 하나님의 잣대요 하나님의 뜻대로 영광의 자리에 오를 수가 있었던 것은 분명한 사실이지요. 영적으로 볼 때에는 우리 인간(피조물) 모두가 여자의(피조물) 대상이라는 점을 밝히 깨달아 알고 남들과 같이 잘나거나 뛰어나거나 보잘 것이 없을지라도 저들과 (신부) 같은 목적과 용기와 신앙으로 신랑 주님을 영접하여 한 번 밖에 없는 천국 혼인 잔치에 참예하여 신랑이신 주님 앞에 절대 순종하며 신부의 본분을 다하여 하나님께 영광을 돌려드리는 자로서 창조주 우리 아버지 앞에 세세토록 찬양과 영광을 돌려드리는 삶으로 보답해 드립시다. 할렐루야!

第八券. 또 다른 족보(복귀)

☘ 마태복음 1장 1절에 "아브라함과 다윗의 자손 예수 그리스도의 세계라, 아브라함은 이삭을 낳고 이삭은 야곱을 낳고"(마 1:2)로 시작되는 아브라함의 족보는 일상 세상의 족보와 다를 바 없는 지극히 평범하건대, 다른 것이라면 인간 사회에서는 혈통을(상속권) 위주로 그 이름이 족보에 올라가지만, 영적 세계에서는 믿음을 중심으로 올라가는 것이 다르지요. 믿음의 조상 아브라함 때로부터 현재까지 대를 이어 내려온 것이 바로 이 족보인 셈인데, 그런데 이 하늘나라의 족보는 우리가 모르는 또 다른 족보 하나가(복귀) 더 있다는 사실을 알아야겠으며, 우리 다 같이 그 족보에 관해 한번 살펴봅시다. 할렐루야!

21. 예수께서 가르치심을 시작할 때에 삼십 세쯤 되시니라 사람들의 아는 대로는 요셉의 아들이니 요셉의 이상은 엘리요 그 이상은 맛닷이요 그 이상은 레위요 그 이상은 멜기요 그 이상은…(눅 10:23-24).

● 다른 족보를 눈여겨볼 것 같으면 누가 누구를 낳고 낳고의 위에서 땅(세상)으로 내려오는데, 그 반대로 요셉의 "이상"은 엘리요 엘리의 이상은 맛닷이요… 하며 위 곧 하늘로(천국) 올라가는, 복귀를 의미하는 대목이 나오는데, 간단히 설명하자면 한 번은 위에서부터(주님) 세상으로 내려(탄생)왔고. 이번에는 거슬러 다시 위로 올라(복귀)가는 것을 볼 수가 있는데, 비유로 씨를 뿌리면 추수

할 때가 있듯이 역대의 왕들이 하나님의 뜻을 거역하고 자신을 위주로 어그러진 삶을 살다가 실족하여 올라가는 대열에 끼이지 못하고 새로운 이름들이 들어갔다는(복귀) 것은 두고두고 신앙인들이 가슴속 깊이 새겨야 할 교훈으로 삼아야 할 대목이지요. 오~ 할렐루야!

♣ 인간 세상에서는 잘났거나 못났거나 일단 태어나서 그 이름이 족보에(상속권) 올라간 이상 살아생전에 아무리 몹쓸 짓을 했다 할지라도 한번 족보에(상속권) 올라간 그 사람은(장남) 후대까지도 그의 이름은 영원토록 뺄 수 없을 뿐더러 파버릴 수도 없는 그야말로 영원토록 존재하지만, 하나님 나라의 법도는 세상 법도와 다른 것이 특징으로 이것이 곧 세상과의 차이점이요 하늘나라와이 차이점은 아닐런지요. 아멘.!

第九券. 예수의 탄생(초림)

22. 예수 그리스도의 나심은 이러하니라 그 모친 마리아가 요셉과 정혼하고 동거하기 전에 성령으로 잉태된 것이 나타났더니(마 1:18).

● 몇 번이고 반복해서 강조하지만, 성경에 올라 있는 문구를 세상적으로 해석하면 맞지도 않거니와 도무지 이해가 되지 않는 일이기에, 요한계시록에서도 오죽했으면 사도 요한이 그 일곱 인으로 봉한 책의 인봉을 뗄 자가 없어서 울었다고(계 5:3) 했을까요? 그

게 바로 비유요 인봉일진대, 누가 그 일곱 인봉을 뗄 수 있을까마는, 하지만 인봉이라 했으니 그것은 누군가에 의해서 풀리게끔 하나님이 인봉해 놓으시지 않았나요? 반면 승리하신 다윗의 뿌리 예수가 그 일곱 인을 떼신다고(계 5:5) 성경에 기록돼 있으니 믿고 끈기를 가지고 도전해 봅시다. 오~ 할렐루야!

23. 내가 하나님의 열심으로 너희를 위하여 열심내노니 내가 너희를 정결한 처녀로 한 남편인 그리스도께 드리려고 중매함이로다(고후 11:2).

- 성경의 문장대로라면 이 대목이 이해가 되나요? 이 글을 읽는 사람은 남녀노유, 공통이라 하겠는데 정결한 처녀라니 헷갈리지요. 그러기에 비유가 아니면 풀리지 않는 것으로 창조주(성부) 한 분만이 남자의 대상이고 피조물인 모든 사람은 여자의 대상으로서 정결한 믿음으로 예수님을 영접하면 곧 주님의 신부로 들어간다는 깊은 뜻이 있지요. 아멘 할렐루야!

24. 뱀이 그 간계로 하와를 미혹케 한 것같이 너희 마음이 그리스도를 향하는 진실함과 깨끗함에서 떠나 부패할까 두려워함이라(고후 11:3).

- 태초에 에덴동산에서 인간의 조상 하와가 인간을 미혹하게 하는 간교한 뱀(귀신)에게 속아서(죽음) 사람 속에 들어온 뱀의 영(시기 질투 미움 등)부터 잡아내야 할 텐데, 아무리 훌륭한 의사라도 병명을 알아야 고칠 수 있듯이 뱀의(사단) 정체를 알아야 처방이 가능하지요, 고로 인간은 태어날(에덴동산) 때부터 독사의 자식이요

죄인으로 불리지요. 그런 와중에 성령 좀 받았다고 해서 교만하여 분별없이 주절거리다가 실족할까 두려운 마음으로 스스로 조심합시다. 할렐루야 아멘!

25. 그 남편 요셉은 의로운 사람이라 저를 드러내지 아니하고 가만히 끊고자 하여(마 1: 19).

보통 남자들이란 자기 아내는 무조건 순결해야 하고 다른 남자와 정답게 웃음 한번 웃어도 질투하며 자신만을 알아달라는 어찌 보면 어린아이와도 흡사한데, 요셉이 의로운 사람이라고 하지만 어떠한 성정을 지녔기에 이렇듯 관대했을까요? 그 당시 법대로라면 당장 돌에 맞아 죽어 마땅한 여인을 드러내지 않고 보호하는 심성에 감탄할 따름이지요. 할렐루야!

26. 이 일을 생각할 때에 주의 사자가 현몽하여 가로되 다윗의 자손 요셉아 네 아내 마리아 데려오기를 무서워 말라 저에게 잉태된 자는 성령으로 된 것이라(마 1:20).

● 이렇듯이 하나님 나라에서는 한 번 택한 자에게는 모든 돌아가는 일정을 꿈으로라도 알려 주신다는 사실을 깨닫게 됐는데, 그 성령을 받는 사람의 수준이 과연 얼마나 깨달아 알아서 순종을 잘 하는지 여하에 따라 저주와 축복이 교체되는 것을 우리는 성경 곳곳에서 발견하고 또 체험할 수 있다는 게 곧 예수님의 사랑이요 축복이지요. 오~ 할렐루야!

27. 그 정혼한 마리아와 함께 호적하러 올라가니 마리아가 이미 잉태되었더라 거기 있을 그때에 해산할 날이 차서 맏아들을 낳아 강보로 싸서 구유에 뉘었으니 이는 사관에 있을 곳이 없음이러라(눅 2:5-7).

● 사관이(여관) 없어서 마구간에서 아기를(예수) 낳았다고 했는데, 그 당시야 그럴 수 있었을지 모르지만 여기에 또 다른 비밀은 "말"은 곧 사람을 상징하는 존재라는 것입니다. 말 구유의(밥그릇) 비유를 설명하자면 말의 밥그릇에(구유) 오셨으니 곧 "말씀이 곧 하나님이시라" 그 말씀을 먹으라는 깊은 뜻으로, 예수님은 하나님의 아들로(독생자) 오셔서 "내 살과 피를 먹으라"(요 6:54)는 뜻을 이루기 위한, 세상적으로는 엄연히 목수인 요셉과 마리아의 맏아들인 바로 이 예수가(그리스도) 온 인류의 대속제물이 되기 위해 하나님의 뜻으로 우리와 같은 육신으로 세상에 탄생하신, 이 사건을 세상에서는 그리스도(예수)의 초림이라고 하지요. 오~ 할렐루야!

🍀 그 당시 제자들을 비롯해 제사장과 서기관들이 예수의 행적을 볼 때 어찌 보면 하나님의 거룩하신 아들 같기도 하고 달리 보면 가난한 목수의 아들 같아서 헷갈려 실족하는 것을 여러 곳에서 보게 됩니다. 우리는 시대의 축복을 잘 타고난 고로 長壽(장수)시대에다 예수를 보지 못했어도 말씀만으로 믿는 게 얼마나 큰 축복이며 하나님의 사랑과 감사인가요. 할렐루야!

第十券. 참 빛

28. 참 빛 곧 세상에 와서 각 사람에게 비취는 빛이 있었나니 그가 세상에 계셨으며 세상은 그로 말미암아 지은바 되었으되 세상이 그를 알지 못하였고(요 1:9-10).

- 성경에서는 빛이 몇 가지로 구분된 것을 보는데, 참 빛은 사람의 생명을 가리켰으며, 또한 이 참 빛은 생명(빛)을 창조하신 생명의 원천일진대, 참 빛(전능자)을 사람들이 몰라서 저 높은 하늘 위(허공)에 계신 줄로 알지만, 태초부터 하나님은 이 세상에 계시다고, 본문에 기록됐건만(요 1:10), 사람들은 아직까지도 그 사실을 깨닫지 못하지요. 아멘 할렐루야!

29. 자기 땅에 오매 자기 백성이 영접지 아니하였으나 영접하는 자 곧 그 이름을 믿는 자들에게는 하나님의 자녀가 되는 권세를 주셨으니 이는 혈통으로나 육정으로나 사람의 뜻으로 나지 아니하고 오직 하나님께로서 난 자들이니라(요 1:11-13).

- 세상에 항상 계시고 자기 땅에 왔다고(요 1:9) 하니 이건 또 무슨 말씀이며 무슨 뜻일까요! 엄격히 말하자면 저 땅덩어리는 원래 혼돈과 공허의 왕 사탄의(창 1:2) 것이었는데, 그 일부를(흙) 취하여 자신의 형상대로 사람을 빚으셨으나 에덴동산에서 다시 뱀에 의해 생기를 뺏기고(죽고) 생기가 죽은 바 됐는데(마 22:31), 하나님

이 자기의 모양과 형상인 솜씨를 자기의 땅(속사람) 혹은 밭과 집이라고(고전 3:9) 하셨으니, 그 이름을(그리스도) 믿고 영접한다면 하나님의 자녀가 되는 권세를 주신(요 1:11), 비밀을 안다는 것은 세상 지식(세상)이나 가문의 혈통으로 알게 된 것이(요 1:12) 아니라 오직 하나님(성령)의 성령으로 인하여 알게 되었다는 뜻이 포함돼 있지요. 할렐루야 아멘!

30. 말씀이 육신이 되어 우리 가운데 거하시매 그 영광을 보니 아버지의 독생자의 영광이요 은혜와 진리가 충만하더라(요 1:14).

● 이 짧은 문장으로 하나님의 비밀인 비유의 말씀을 나타내기에 벅찬 "말씀이 육신이 되었다"는 것은 말씀(그리스도)이 곧 하나님이라고 하셨기에 그 말씀이(신성) 사람 가운데(속사람) 거하시는 영광을(예수님) 보게 됐고 이는 바로 하나님의 독생자요 은혜와 진리가 충만한 예수님이었던 셈이지요. 오~ 할렐루야!

31. 율법은 모세로 말미암아 주신 것이요 은혜와 진리는 예수 그리스도로 말미암아 온 것이라 본래 하나님을 본 사람이 없으되 아버지 품속에 있는 독생하신 하나님이 나타내셨느니라(요 1:17-18).

● 예수님이 세상에 오시기 전까지는 사람들은 하나님이 주신 모세의 율법을 철저히 지키며 살았는데, 아직까지 율법(행위)에서 벗어나지 못하고 살면서 이것도 죄, 저것도 죄라고 정죄하며, 시장이나 밖에 외출했다가 들어와서도 손을 씻지 않으면 안 되며 자기

들과 다른 행동을 할 때에는 정죄를 하던 시대에, 하나님이 그의 품속에 독생자 아들이(성자) 이 땅(세상)에 태어났으니 그를 알아보지 못하는 바리새인의 율법사들은 야단법석 떨 수밖에요!

거룩하신 하나님을 자기의(예수) 친아버지라며 생전 들어보지도 못하던 복음의 말씀을 전파하시자 그 율법사들은 알아들을 영의 귀가 없으니 이단의 괴수 혹은 바알세불이 지폈다며 핍박하는 장면인데, 행여 우리 신앙인들 또한 과연 자기 자신은 이 율법에서 온전히 해방됐는지 자신을 한번 되돌아보는 계기로 삼아 거룩하신 하나님의 뜻대로 온전히 순종하며 감당하여 승리하는 감사자로 산다면 하나님이 기뻐하시겠지요. 오~ 할렐루야!

第十一券. 동방박사

32. 헤롯왕 때에 예수께서 유대 베들레헴에서 나시매 동방으로부터 박사들이 예루살렘에 이르러 말하되 유대인의 왕으로 나신 이가 어디 계시뇨 우리가 동방에서 그의 별을 보고 그에게 경배하러 왔노라 하니(마 2:1-2).

- 성경에서 박사라고 했으니 박사가 분명할진대, 그러면 그들은 무엇을 전공한 박사들이었을까요? 물론 별을 보고 찾아왔다고 했으니 천문학도 연구했겠지만, 여러 정황으로 미루어 볼 때에 메시야 곧 하나님을 기다리는 신학박사요 제사장이라는 것만은 틀림

없겠지요! 또 그들이 헤롯왕이 그 나라를 통치하고 있는 왕궁으로 찾아간 것을 보더라도 유대인의 왕으로 오셨다면 당연히 왕궁으로 오실 것이라는 자기들만의 지레짐작으로 예루살렘으로 찾아갔지만, 사실 메시아는 하늘나라의 왕이시지 세상의 왕은 아니지 않던가요? 어쨌거나 왕(세상) 앞에 가서 왕을(천국) 찾았으니 큰 소동이 일어난 것은 오히려 당연한 이치였을지도 모르지요. 오~ 할렐루야!

33. 저희가 별을 보고 가장 크게 기뻐하고 기뻐하더라 집에 들어가 아기와 그 모친 마리아와 함께 있는 것을 보고 엎드려 아기께 경배하고 보배합을 열어 황금과 유향과 몰약을 예물로 드리니라(마 2:10-11).

- 동방박사들의 믿음은 그야말로 대단했으며 별을 보고 찾아왔다는 것도 그렇지만, 갓 태어난 그 아기 앞에 엎드려서 경배를 하고 또 예물을 드렸다는 것은 그 박사들이 아니고는 아무도 할 수 없는 노릇이지요. 그러면 그 아기 예수께 드린 예물에 담긴 뜻은 무엇일까요?

  예물은 예수가 세상에 사는 동안 받을 고난을 예고한 것으로, "황금"은 세월이 아무리 지나도 예수님의 말씀과 사랑은 그 황금과 같이 영원하다는 뜻을 의미하고, "유향"은 향기를 내는 기름인데, 바리새인의 제사장과 서기관들이 아무리 예수님을 시험하고 핍박하여 잡아서 찔러 죽여도 예수님은 저주나 원망 없이 사랑의(향기) 향기만 풍긴다는 뜻이며, "몰약"은 썩는(부패) 것을 방지하기에 저들이 예수님을 죽여서 시체를 무덤에 두었으나 썩지 않고 부활하실 것을 예고하신 것이니 이와 같이 우리 신앙인들도 죽어서 시체는 썩을지라도 영혼은 부활하여 영원무궁토록 하나님 우편에서 찬양과 경배와 영광을 돌려 드려야 마땅하지 않을까요? 오~ 할렐루야!

34. 베들레헴으로 보내며 이르되 가서 아기에 대하여 자세히 알아보고 찾거든 내게 고하여 나도 가서 그에게 경배하게 하라(마 2:1).

● 그 당시 사람 중 가장 불쾌하고 분주했던 사람은 바로 헤롯왕이었을 것이라고 나름대로 추측해봅니다. 그는 그 나라를(유대) 다스리는 왕이요 보좌는 엄연히 자기의(헤롯왕) 것일진대, 또 다른 왕이(예수) 나타났다니 그것은 자신이 도저히 용납 못할 불쾌한 일이었고, 그리하여 별을 따라 유대인의 왕을 찾아온 박사들에게 자기도 예수께 경배를 해야겠다는 거짓 술수로 아기 예수의 있는 장소를 알아내려는 음모를 꾸미는데, 사실은 예수를 찾아서 잡아 죽이고 후환을 없애려는 속임수에 불과한 음흉한 술책이지요. 아멘!

第十二券. 동행

35. 저희가 떠난 후에 주의 사자가 요셉에게 현몽하여 가로되 헤롯이 아기를 찾아 죽이려 하니 일어나 아기와 그의 모친을 데리고 애굽으로

피하여 내가 네게 이르기까지 거기 있으라 하시니(마 2:17).

- 요셉의 꿈에 주의 사자가 나타나서 신변의 위험을 알려주며 헤롯왕을 피하여 애굽으로 가 있으라고 직접 알려주시는데, 유대 사람들은 대대로 아브라함의 후손 됨을 큰 자랑거리로 여기며 장차 메시아가 오실 것을 믿고 또 기다리는 처지였지만, 기다리던 메시아가(예수) 정작 오셨건만(베들레헴) 그곳을 떠나 애굽으로 가 있으라고 하시니 알 수 없는 노릇이지요. 한편 아기 예수를 품에 (동행) 안은 요셉에게는 친히 하나님께서 아기와 그 모친을 데리고 애굽으로 피하라고 자세히 일러 주시는가 하면! 오~ 할렐루야!

36. 꿈에 헤롯에게로 돌아가지 말라 지시하심을 받아 다른 길로 고국에 돌아가니라(마 2:12).

- 요셉도 요셉이거니와 동방박사들은 헤롯과의 약속도 있었는데, 그들(제사장)에게는 왔던 길로 가지 말고 돌아서 가라고 말씀하시니, 헤롯왕이 얼굴을 모르는 요셉보다도 신변의 위협이 더 컸을 것으로 생각되며, 세상에서 아기 예수의 보호자 격인 요셉에게는 다시 돌아올 때가 되면 일러 줄 테니 애굽에 머물러 있으라고 당부하신 것을 보면 아들의 단계와 종의 단계의 차이점이 여실히 드러나 있는 것으로 이 모든 것이 하나님의 뜻과 사랑과 축복이시지요. 할렐루야!

37. 이에 헤롯이 박사들에게 속은 줄을 알고 심히 노하여 사람을 보

내어 베들레헴과 그 모든 지경 안에 있는 사내아이를 박사들에게 자세히 알아본 그때를 표준하여 두 살부터 그 아래로 다 죽이니 (마 2:16).

● 박사들에게 속은 헤롯왕은 불같이 노하여 한 살과 두 살짜리 사내아이를 모조리 잡아 죽여서 후환을 없애려고 심술을 부렸는데, 이것을 영적인 각도에서 해석을 한다면 구원의 삼 단계 중에서 한 살짜리는 곧 믿음의 단계를 뜻하며, 두 살짜리는 소망의(순교) 단계를 뜻하는 반면, 세 살짜리는 사랑 단계를(자녀) 상징합니다. 그 일로 인하여 한 살짜리와(믿음 단계) 두 살(소망 단계)짜리는 일찌감치 순교를 당하고 또 사랑 단계 곧 사랑지파는(예수) 하나님의 사랑으로 인하여 하나님께서 직접 보호해(사랑) 주셨지요. 오~ 할렐루야!

구름아!!

구름아 너는 누굴 태우러 가기에 그리도 서둘러 어딜 가느냐 혹시 그 구름 타고 오신다던 주님 모시러 가는구나?! 만약 그렇다면 부탁 하나 하겠는데 우리 주님 뵙거들랑 네가 본 것 나의 허물 다 고해 바쳐 불같이 노하시게 말고 조금은 덮어주렴!

第十三券. 세례 요한

38. 그 때에 세례 요한이 이르러 유대 광야에서 전파하여 가로되 회개하라 천국이 가까웠느니라 하였으니(마 3:1-2).

● 세상에 무슨 일이거나 때가 되면 여기저기에서 징조가 나타나게 마련인데, 유대의 왕인 예수의 탄생을 위하여 그보다 6개월 먼저 태어난 세례 요한이 광야에서 세상 종말이 가까웠으니 회개하라며 경고의 나팔을 부는 것을 우리는 여기에서 깨달아 알 수가 있지요. 오~ 할렐루야!

39. 이때에 예루살렘과 온 유대와 요단강 사방에서 다 그에게 나아와 자기들의 죄를 자복하고 요단강에서 그에게 세례를 받더니(마 3:5-6).

● 아무리 믿음이 좋고 경건한 생활을 할지라도 복음의 말씀에 의지하지 않고 자기 혼자의 의지로는 절대로 살아남을 수 없다는 것이 바로 세상 이치요 섭리일진대, 여기서도 세례 요한이 외치는 종말이라는 경고의 소리에 많은 사람들이 사방에서 모여들어 자기의 죄를 자복하고 회개하며 세례 받는 장면들이 눈에 밝히 보이는 듯하네요. 아멘 할렐루야!

40. 요한이 많은 바리새인과 사두개인이 세례 베푸는데 오는 것을 보고 이르되 독사의 자식들아 누가 너희를 가르쳐 임박한 진노를 피하라

하더냐(마 3:7).

- 바리새인과 사두개인이라 하면 그 당시 유대 신앙의 쌍두마차라 할 수가 있겠는데, 세례 요한의 경고 음성을 듣고 그에게로 몰려 왔을진대, 하필이면 그들에게 왜 독사의 자식들이라고 했을까요? 그것은 이미 창세기(창 3:5)에서 하와가 뱀의 꾐에 의해 선악과를 따먹은 후 육신(몸)은 살아서 호흡을 하지만 영혼 곧 하나님의 생기는(생기) 이미 죽은 고로 뱀의 후손 곧 독사의 자식이 되고 말았지요. 고로 백성들을 가르치는 바리새인의 서기관들은 하나님의 율법은 가르쳐도 자기 자신이 뱀의(사탄) 후손이라는(독사) 사실은 까맣게 모르고 허송세월로 태평일 때에 세례 요한이 그들에게 경고한 바로 그 대목이지요. 아멘 할렐루야!

41. 나는 너희로 회개케 하기 위하여 물로 세례를 주거니와 내 뒤에 오시는 이는 나보다 능력이 많으시니 나는 그의 신을 들기도 감당치 못하겠노라 그는 성령과 불로 너희에게 세례를 주실 것이요(마 3:11).

- 이와 같이 세례 요한은 그 당시 바리새인에게(율법) 예수님에(그리스도) 대하여 "나는 너희로 회개케 하기 위하여 물로 세례를 주지만 내 뒤에 오시는 예수는 능력이 많으시니 나는 그의 신을 들기도 감당치 못하겠노라고"(마 3:11) 증거했으며, 예수님에게 물로(은혜) 세례까지 베푼 사람이니 세상 어느 제사장이나 서기관이 세례 요한과 같이 예수님에게 세례를 베풀 것이며 또한 누가 예수님과 같이 성령으로 세례를 베풀 자가 있으리요. 할렐루야!

42. 기록된바 보라 내가 내 사자를 네 앞에 보내노니 저가 네 길을 네 앞에 예비하리라 하신 것이 이 사람에 대한 말씀이니라(마 11:10).

● 본문에 기록한 대로 요한은 예수님의 앞길을 예비하고자 이 땅에 보내심을 받은 하나님의 사자 곧 선지자이기에 많은 사람들이 세례 요한에 대해 궁금한 것이 너무 많은 것이 사실일진대, 그러면 이 세례 요한은 과연 누구일까요? 그는 세상에서(광야) 많은 사람에게 물세례를 가장 먼저 베풀었고, 또한 광야에서 천국이(말세) 가까웠으니 회개하라고 전파하며, 뒤에 오실 예수를 증거했으며 또한 예수에게 세례까지 베풀었을지라도, 정작 죽을 때에는 옥중에서 목을 베이는 순교를 당했으니(막 6:25) 이것은 바로 요즘 성직자(제사장)들이 외치는 그 순교인 셈이지요! 하지만 이 사실을 모르는 사람들은 그를 들어 제각각 다른 해석들을 쏟아내지만 분명한 것은 그는 예수님 시대를 연 최초의 목회자였던 것이지요. 오~ 할렐루야!

43. 내가 진실로 너희에게 말하노니 여자가 낳은 자 중에 세례 요한보다 큰이가 일어남이 없도다 그러나 천국에서는 극히 작은 자라도 저보다 크니라(마 11:11).

● 알다가도 모를 일은 세례 요한을 보고 여자가 낳은 자 중에서 세례 요한보다 큰 자가 없다고 말씀하신 것까지는 이해하겠는데, 사람이라면 모두 여자가(세상) 낳은 고로 제사장 중에서 예수님에게 세례 베푼 것 하나만 보더라도 앞선 자임에 틀림없건만, 칭찬하신

후에 "천국에서는 극히 작은 자라도 저보다 크니라"라는 대목이 이해가 되시나요? 이해하기 매우 어렵지만 성경은 비유의 말씀인고로 성령이 아니고는 풀려지지 않는데, 천국을 설명하기란 좀 복잡하지만 우선 천국은 "믿습니다"로 시작되는 믿음 단계와 순교의 단계와 이 땅에서 주님과 동행하는 바로 "이 땅에서 이루어지이다"의 사랑(제자) 단계, 이렇게 해서 삼 단계로 나뉩니다. 제자의 단계에까지 들어오지 못한 세례 요한을 보고 제자(사랑) 단계에서는 극히 작은 자보다 작다고 하셨으니 "세상에서도 대통령이 사는 궁 안과 백성이 사는 궁 밖이 다른 것"은 지극히 명백한 사실이지요! 아멘 할렐루야!

44. 그 날들을 감하지 아니할 것이면 모든 육체가 구원을 얻지 못할 것이나 그러나 택하신 자들을 위하여 그 날들을 감하시리라 (마 24:22).

● 이 짧은 구절 하나로는 설명이 부족하지만 대개 사람들은 예수 믿다가 죽어서 천당을 가는 줄로 알고 믿지만, 본문에는 죽어 구원이 아닌 육체의 구원 곧 살아 들림이 등장하는데, 당신은 어떤 생각을 하는지요? 택하신 자들을 위하여 그 날들을 감하셨다고 했으니 우리도 택하신 자 안으로 들어가기를 힘씁시다.

세례 요한의 때로부터 오늘날까지 내려오며 사람들은 말세라고 했는데 사실 세상적이 아닌 개체적으로(육체) 볼 때에 사람이라면 개체의(육체) 말세가(죽음) 분명하건만, 하나님은 택함을 입은 자들의 육체의(개체) 구원 곧 살아서 들림을 시키시고자 오래 참고 기다려 주신다는 사실을 명심합시다. 오~ 할렐루야!

45. 청함을 받은 자는 많되 택함을 입은 자는 적으니라(마 22:14).

- 천국에 청함 받은 자가 많다고 하셨는데, 과연 넘쳐나지요(현실). 그러나 이어서 택함을 입은 자는 적다고 말씀하셨는데, 그렇다면 나는 과연 택함을 받은 무리 속에 들어갔다고 자신하시나요? 상대방의 좋지 않은 모습을 보며 택함을 받은 자는 홀로 나 하나뿐인 줄로 착각하며(자칭) 사는데, "사람이란 누구나 착각 속에 사는 동물"이라는 그 세상 교훈을 잊고 사는 것은 아닐런지요. 할렐루야!

46. 손에 키를 들고 자기의 타작마당을 정하게 하사 알곡은 모아 곡간에 들이고 쭉정이는 꺼지지 않는 불에 태우시리라(마 3:12).

- 세례 요한이 예수님을 증거하며 장차 오실 예수님께서 세상에 베푸실 사명을 예언한 부분으로, 여기서 육의 세계와(세상) 영의 세계를(천국) 잘 분별해야 하겠는데, 이것을 세상적으로 본다면 당시 예수님은 부나 세상 권력이 없으므로 오히려 사람들에게 잡혀서 십자가에 달려 죽기까지에 이르렀지만, 영적으로 본다면 이 예수는(그리스도) 하나님의 독생자(성자) 곧 그리스도시요 장차 임무는 쭉정이와 알곡을 가려내는, 사람이 주로 일상생활에서 사용하는 "키"의 역할을 하시는 것으로, "키"는 주로 곡식을 까불러서 알곡은 추려 곡간에 들이고, 또한 쭉정이는 따로 모아 주인이 꺼지지 않는 불에 불살라 버리도록 하지요. 이 역할을 하는 바로 예수님이시지요. 할렐루야!

47. 조상들도 저희 것이요 육신으로 하면 그리스도가 저희에게서 나셨으니 저는 만물 위에 계셔 세세에 찬양을 받으실 하나님이시니라 아멘(롬 9:5).

● 대개의 사람들은 예수를 믿는다는 말은 곧잘 하지만 예수의 존재를 얼마나 알고 있는지요, 본문에 "조상들도 저희 것이요 육신으로 하면 그리스도가 저희에게서(유대) 나셨으니 저는(그리스도) 만물 위에 계셔 세세토록 찬양을 받으실 하나님이시니라" 이와 같이 예수님은 찬양을 받으실 하나님이시라도 예수님은 자신의 (삼위일체) 솜씨인 인간의 죄악으로(불순종) 말미암아 십자가 위에서 스스로 죽으신(십자가) 후에 부활하여(롬 9:5) 항상 우리와 함께 동행하신다는 이 사실을 명심하고 이제부터는 사랑이신 예수님 (인자) 앞에 순종하는 감사자로 두 마음을(죄악) 품치 않는 자로 거듭나야 하겠지요. 오~ 할렐루야!

❀ 인간은 인간끼리, 그리고 짐승은 짐승대로 소통을 하기에 하나님께서도 인간들과 소통하기(대화) 위해 인간과 똑같은 몸으로(육신) 이 땅에(세상) 오신 사실을 믿나요? 또 인간들을 구원시키기 위하여 우리의 죄 곧 십자가를 대신 지고 대속 제물로 돌아가신 것을 아시나요? 그렇게 해서 인류의 원죄를 대속해 주셨건만… 그 사실을 알지 못하는 사람들은 기도할 적마다 어서 오시라고 주님을 끌어 내리는데, 누구나 세상에서 살다가 죽어서 자기의 갈 곳으로 돌아갔다면, 다시는 올 수가 없는 것이 하나님의 섭리일진대, 예수님도 죽으신 후에 하나님의 보좌 우편에(롬 9:5) 앉으신 것을 믿는다면 이제 사진 속 예수님을 어서 오시라고 밤새워 부르짖지는 말아야

하지요. 다만 "세상 끝 날까지 너희와 항상 함께 하시리라"(마 28:20) 하신 참 뜻은 하나님은 영이시기에 영접하는 자에게는 누구를 막론하고 들어가(속사람) 함께하신다는 뜻으로 구약에서도 여러 선지자나 제사장 속에서 (속사람) 역사하신 것을 우리는 익히 깨달아 알고 있지요. 할렐루야 아멘!

第十四券. 가나의 혼인잔치

48. 사흘 되던 날에 갈릴리 가나에 혼인이 있어 예수의 어머니도 거기 계시고 예수와 그 제자들도 혼인에 청함을 받았더니 포도주가 모자란지라 예수의 어머니가 예수에게… (요 2:1-3).

● 세상에서도 각종 잔칫날에는 술이나 장만한 음식이 더러 남기도 하고 모자라기도 하는 게 세상일진대, 여기에서 모자란다고 하는 포도주는(믿음) 사람의 믿음을 비유로 말씀하신 것으로, 사흘 되던 날이라는 것은, "삼의 숫자는 하나님의 완전수를 가리켰으며, 때가 가까웠다는 뜻으로, 혼인 잔치에(천국) 청함을 받고 포도주가(믿음) 모자란다면 낭패가 아닐까요? 그렇지만 주인공인 예수님이(신랑 주님) 참석하신 것을 보면 우리도 마지막 그 한날에 예수님 앞에 가서 각자 중심을 달아 보실 때 포도주가(믿음) 부족하지는 않을까 하는 두려운 생각이 드네요. 아멘!

49. 거기 유대인의 결례를 따라 두세 통 드는 돌 항아리 여섯이 놓였는

지라 예수께서 저희에게 이르시되 항아리에 물을 채우라 하신즉 아구까지 채우니(요 2:6-7).

● 그 당시 잔칫집에 있는 항아리들은 유대인들의 결례를(율법) 따라 외출했다가 돌아올 때에 손이나 발을 씻기 위한 물 항아리며, 또 여섯이라는 숫자는 끝 날을(완전수) 가리켰으며, 돌은 말씀이요, 항아리는 사람을(개체) 뜻하는 것으로, 그 항아리에(개체) 물을(은혜) 아구까지 채우라고 말씀하신 뜻은 은혜가(신령) 항아리 아구까지 차오르면 변화를(진리) 받는다는 깊은 의미가 담겨 있지요. 할렐루야!

50. 이제는 떠서 연회장에게 갖다 주라 하시매 갖다 주었더니 연회장은 물로 된 포도주를 맛보고 어디서 났는지 알지 못하되 물 떠온 하인들은 알더라 연회장이 신랑을 불러(요 2:8-9).

● 구원도 믿음, 소망, 사랑의 삼 단계로 나뉘는 것과 같이 믿음 단계를 거치면 소망(물) 단계가 있고, 그 위에 사랑(포도주) 단계가 있는데, 그 모든 절차가 저절로 이뤄지는 것이 아니라 각자의 믿음과 기도와 변화를 받도록 도와주시는 성령님과 합해야 비로소 변화를 받을 것이며, 거기에는 심부름꾼(청지기)이 있게 마련으로, 하인들은(청지기) 그 물이 어떠한 경로를 통해서 포도주로 변했는지 그 주인의(그리스도) 권능을 익히 알고 있지만, 오히려 잔치 집의 연회장은(세상) 이 사실을 알지 못하고 있었지요. 아멘 할렐루야!

51. 말하되 사람마다 먼저 좋은 포도주를 내고 취한 후에 낮은 것을 내거늘 그대는 지금까지 좋은 포도주를 두었도다 하니라(요 2:10).

● 세상에서 장사해서 먹고 사는 술집도 처음에는 좋은 포도주로 손님의 환심을 사다가 손님이 술에 취하게 되면 낮은 포도주로 바가지를 씌우는가 하면, 어떤 유명 강사의 설교도 처음에는 세상 지식으로 듣는 자의 귀에 쏙쏙 들어가지만, 차차 시간이 흘러 밑천이 다하면 은근슬쩍 겁을 주면서 시간을 땜질하는 경우가 있을진대, 하나님의 말씀은 아기가 태어난 후 자라서 어른이 되는 과정과 마찬가지로 물로(은혜) 시작해서 그 물이 아구까지 찬 후에는(성령 충만) 포도주로 변한다는(말씀) 단면을 보여주시는 장면이지요. 우리 또한 말씀으로 거듭나야 하겠지요. 아멘!

第十五券. 세례 받는 예수

52. 이때에 예수께서 갈릴리로서 요단강에 이르러 요한에게 세례를 받으려 하신대 요한이 말려 가로되 내가 당신에게 세례를 받아야 할 터인데 당신이 내게로 오시나이까(마 3:13-14).

● 세상 사람의 상식으로는 이해가 되지 않지만, 세례 요한의 대답과 같이 내가 당신에게(예수) 세례를 받아야 마땅한데 어찌하여 당신이 내게로 오시나이까 하며 몹시 송구스럽게 생각하는데, 지

당한 언사며 세례 요한뿐 아니라 사람의 생각은 마찬가지겠지요. 하지만 예수님의 생각은 다른데, 하나님은 질서의 하나님이신고로 예수님이 계신 곳이 세상인지라 역시 인간의 법을 따르고자 요한의 앞에 세례를 받기 위해 머리를 숙이셨으니, 그러므로 우리도 본을 받아서 나보다 못하게 여겨 남을 무시하지 말고 상대방을 나보다 낫게 여기는 본을 보여야 하겠지요. 할렐루야!

53. 예수께서 대답하여 가라사대 이제 허락하라 우리가 이와 같이 하여 모든 의를 이루는 것이 합당하니라 하신대 이에 요한이 허락하는지라(마 3:15).

● 합력하여 선을 이루리라고(롬 8:28) 하신 예수님께서 요한에게 세례를 받으시므로 의를 이루셨는데, 단에서 말씀을 증거하거나 세례를 주는 것은 그 사람의 행위의 공로가 아니라 그 사람 안에서 (속사람) 역사하시는 이는 여호와 하나님이시라는 사실을 깨달아 알아야 하겠지요. 할렐루야 아멘!

54. 예수께서 세례를 받으시고 곧 물에서 올라오실 새 하늘이 열리고 하나님의 성령이 비둘기같이 내려 자기 위에 임하심을 보시더니 하늘로서 소리가 있어 말씀하시되 이는 내 사랑하는 아들이요 내 기뻐하는 자라 하시니라(마 3:16-17).

● 예수님의 행적 곧 복음의 말씀을 여러 곳에서 접하는데, 그 중에서 대표적인 것을 꼽자면 바로 예수님의 순종이지요. 그 예수님

께서 하나님(성부) 아버지께 순종하는 마음으로 요한에게 세례를 받았을 때에 비로소 하늘이 열렸으며, 성령이 그에게 임했고 하나님으로부터 그는 내 사랑하는 아들이라는 음성을 들은 것과 같이 우리도 하나님으로부터 이와 같이 "이는 내 사랑하는 아들"(마 3:17)이라는 음성으 듣고 순종해야 하겠지요. 할렐루야!

55. 그는 육체에 계실 때에 자기를 죽음에서 능히 구원하실 이에게 심한 통곡과 눈물로 간구와 소원을 올렸고 그의 경외하심을 인하여 들으심을 얻었느니라(히 5:8).

● 예수님께서 자신이 받은 권세와 능력을 몰라서 그 바리새인들의 시험과 핍박과 조롱을 당하기만 하였을까요? 하지만 예수님은 육체적인 고난이 닥칠 때마다 자력으로 해결하려 하지 않았고, 여호와 하나님 아버지에게(성부) 심한 통곡과 눈물로 간구하시는 예수님을 우리 신앙인들은 성경을 통해서 알았으며 또한 우리 신앙인들 모두 예수님을(주님) 본받아 하나님께(아버지) 순종해야 마땅하지요. 오~ 할렐루야!

🍀 이와 같이 하나님을 믿는 신앙인들도 세상을 살아가는 동안 예수님을 본받아서 내 앞의 힘들고 어려운 여러 가지 시험과 환란이 닥칠지라도 그것을 나 혼자 해결하려고 애쓰기보다는 우선 하나님 우리 아버지께(성부) 모든 것을 온전히 맡기고 신령과 진정으로 기도생활을 해야 마땅하지요. 아멘 할렐루야!

第十六券. 마귀의 시험

56. 그 때에 예수께서 성령에게 이끌리어 마귀에게 시험을 받으러 광야로 가사 사십 일을 밤낮으로 금식하신 후에 주리신지라(마 4:1-2).

● 하나님의 독생자이신 예수가 마귀에게 시험을 받기 위하여 광야로 가신 이유로는 이 땅은(세상) 태초부터 사탄, 마귀, 귀신이 잡고 있는 관계로(창 1:2) 그가 하나님의 아들로 오신 예수를 가만히 지켜보고만 있을 수는 없는 노릇이겠지요. 인생은 이미 에덴동산에서 선악과 하나를 놓고, 하나님께서는 "네가 따먹으면 정녕 죽으리라"(창 2:17) 하셨고, 뱀은(마귀) "먹어도 죽지 않으며 먹으면 오히려 눈이 밝아져 하나님과 같이 된다"(창 3:5)고 속인 그때부터 지금까지 온 인류를 타락시킨 장본인이 아니던가! 사람이 뱀에게(사탄) 속았기에 다시 복귀하는 것도 역시 사람이라야(인자) 가능하고, 또한 "사람이 살아서 행동할 때에 따먹고 죽었으니 살아나는 것도 세상에서 목숨이 있을 때에 예수님을(그리스도) 영접하고 거듭나야 죽었던 생기가 다시 들어와 살아나지요. 한편 예수님이 광야에서(세상) 사십 일 금식하신 것을 두고 일반 교회나 어떤 기도원 같은 곳에서는 사십 일 금식을 매우 중요시하여 권장하는 곳도 있다고 하는데, 바람직한 일인지는 모르지만, 예수님의 사십 일 금식은 배고픔과 고난을 뜻하기보다 사십이라는 숫자에 의미가 있는 것으로. 숫자 중 4라는 숫자는 세상 사람이 꺼리는 죽음을(死) 뜻하므로 세상에서도 4는 별로 좋지 않아서 빌딩의 층

수나 호실을 정할 때에도 4라는 숫자를 달리 변경(영문으로)하기도 하지요. 성경에서도 그 4자가 나오는 대목을 유심히 살펴본다면 그 의미를 더 깊이 실감할 수가 있지요. 아멘 할렐루야!

57. 시험하는 자가 예수께 나아와서 가로되 네가 만일 하나님의 아들이어든 명하여 이 돌들로 떡덩이가 되게 하라(마 4:3).

- 세상 사람들 말에 "사흘 굶어서 도둑질 않는 사람 없다"는 유행어가 있듯이 예수님은 사십 일이나 굶었으니 오죽이나 시장하셨을까! 마귀(뱀)가 노리는 것이 바로 배고픔이기에 네가 만일 하나님의 아들이거든 그 말씀을 상징하는 "돌"을 가지고 돌로(말씀) 떡을 만들어 먹으라는 참으로 방자하고 어이없는 마귀의 시험이 아닐 수 없지요. 아멘 할렐루야!

58. 예수께서 대답하여 가라사대 기록되었으되 사람이 떡으로만 살 것이 아니요 하나님의 입으로 나오는 모든 말씀으로 살 것이라 하였느니라 하시니(마 4:4).

- 여기에서도 영과(말씀) 육의(떡) 세계가 갈리는 것을 보는데, 쉽게 표현하자면 마귀의(뱀) 시험은 당신이(그리스도) 세상 것을(떡) 먹지 않고 말씀(돌)으로 세상을 살 수가 있겠느냐는 황당한 논리로 비아냥이고, 예수님의 대답은 육신의(떡) 배부른 것은 세상을 살 동안뿐이고 하나님의 말씀으로(돌) 거듭나야 내세에 천국에 들어간다는 깊은 뜻이 담겨 있지요. 할렐루야!

59. 가로되 네가 만일 하나님의 아들이어든 뛰어내리라 기록하였으되 저가 너를 위하여 그 사자들을 명하시리니 저희가 손으로 너를 받들어 발이 돌에 부딪히지 않게 하리로다 하였느니라(마 4:6).

● 거룩한 성이라면 성전의 꼭대기가 아니면 어디일까요. 사람들은 하나님만 믿으면 무슨 마술이라도 부려서 발에 흙도 묻히지 않고 살아갈 수 있느냐고 비웃는 자들이 있는가 하면, 또 맹목적인 신앙심을 가진 자들도 꽤나 있는 것으로 알고 있습니다. 여기 교활한 마귀의 시험도 만일 당신이(예수) 하나님의 아들이 맞는다면 높은(성전) 지붕 꼭대기에서 뛰어내려도 당신의(그리스도) 아버지(성부) 하나님께서 발을 잡아 다치지 않게 해줄 것 아니냐고 빈정거리는 간교한 마귀의 참으로 어이없는 시험이지요. 오~ 할렐루야!

60. 예수께서 이르시되 또 기록되었으되 주 너의 하나님을 시험치 말라 하였느니라 하신대(마 4:7).

● 여기에서 우리가 모르는 깊은 비밀 하나가 있는데, '예수님을 시험하는 마귀는 도대체 어떻게 생겨 먹었으며 또 누구일까?'라고 생각할 수도 있을진대, 태초에 하와를 꾀던 뱀이 사람인(악신) 것과 같이 이곳의 마귀 역시 사람이(악영) 맞지요. 그리고 또 하나 이 마귀도 하나님을 믿는 자였기에 예수님이 그에게 "주 너의 하나님을 시험치 말라"라고 하신 것이지, 믿지도 않는 자라면 "주"라는 단어가 어찌 붙었을까요. 예를 들자면 세상 사람들은 오랜 구습에 길들어서 낯선 사람이 못 듣던 말씀을 들고 나온다면 들

어볼 생각도 않고 무조건 이단이라는 낙인을 찍는 자들을(세상) 보고 하신 말씀이지요. 오~ 할렐루야!

61. 마귀가 또 그를 데리고 지극히 높은 산으로 가서 천하만국과 그 영광을 보여 가로되 만일 내게 엎드려 경배하면 이 모든 것을 네게 주리라(마 4:8-9).

- 세상에서 "3"(완전수)이란 숫자를 자주 쓰듯이 이 마귀도(악영) 세 번 시험하는 것이 신기하기만 하지요. 이번에는 그를(예수) 지극히 높은 산으로 데리고 갔다 했는데, 지극히 높은 산에 올랐다면 세상 부귀영화를 한눈에 내려다 볼 수 있었을 것 아닌가요! 자기에게(마귀) 엎드려서 경배한다면 이 세상 부귀와 명예를 모두 주겠다는 술책이지만, 지금 하나님을 믿는 우리들은 과연 누구에게 또는 무엇을 위하여 오늘도 경배하며 열심히 기도생활을 하면서 살고 있나요? 하지만 분명한 사실은 만유의 주재이신 하나님만 의지하고 온전히 믿는 기도생활을 해야 마땅한 신앙인이라 할 수 있지요. 아멘 할렐루야!

62. 이에 예수께서 말씀하시되 사단아 물러가라 기록되었으되 주 너의 하나님께 경배하고 다만 그를 섬기라 하였느니라(마 4:10).

- 악영도 사탄, 마귀, 귀신 이렇게 삼위일체가 맞는데, 시험을 시작할 때는 가장 약한 귀신으로 시작해서 다음은 마귀를 거쳐 사탄으로 단계를 끌어올리는 것을 보는데, 이번에는 예수님이 "사탄아

물러가라"고 호령하셨으니, 우리 믿는 신앙인들도 어떠한 난관이 닥칠지라도 예수님과 같이 당당하게 "사탄아 물러가라"라는 저주의 명령으로 당당히 물리쳐야 마땅하지요. 할렐루야 아멘!

63. 가로되 이 모든 권세와 그 영광을 내가 네게 주리라 이것은 내게 넘겨준 것이므로 나의 원하는 자에게 주노라(눅 4:6).

- 권세와 영광을 내가(사탄) 네게(예수) 주리라? 여러분은 이 주객이 전도된 글을 읽을 때에 어떻게 생각하시나요? 이해가 되지 않을지라도 곰곰이 생각해 보면 뱀에게 속아서 타락한 하와와 아담을 하나님이 에덴동산에서 쫓아내실 적에 그냥 몸뚱이만 보내셨을까요? 창세기에서 하나님이 "생육하고 번성하여 땅에 충만하라"(창 2:28)라는 축복을 아담에게 주신 대목을 본다면 이해가 되겠지요! 하나님이 천지 만물을 창조하신 목적은 사람을 위하여 창조 하셨건대, 그들이 타락했다고 해서 그냥 몸뚱이만 쫓아 보내진 않으셨을 것이라는 나의 생각이며, 어느 곳의 누구 밑에서 살지라도 그 먹고 쓰고 입을 것까지 함께 내보내셨을 것이라는 생각이며, 우리 신앙인들은 하나님의 크신 사랑을 마음속에 깊이 간직하고 순종하며 살아가야 마땅하지요 감사합니다. 할렐루야 아멘!

第十七券. 예수님의 복음 전파

64. 이때부터 예수께서 비로소 전파하여 가라사대 회개하라 천국이 가까웠느니라 하시더라 (마 4:12,17).

● 예수님께서는 세상에 복음을 전파하는 것이 사명이요 목적이셨지만, 이미 먼저 와서 전파하는 세례 요한이 있을 동안에는 그냥 지내시다가 세례 요한이 옥중에서 순교를 당한 후에야 비로소 "회개하라 천국이 가까웠느니라" 하시며 복음 전파를 시작하셨는데, 우리는 이 상황을 보면서 무슨 의문이 들까요? 그것은 예수님이 우리에게 보이신 교훈으로 자신이(독생자) 아무리 능력 있는 하나님의(성부) 독생자일지라도 이미 세상에 먼저 와서 하나님의 나라를 전파하는 세례 요한을 배제하고 자신이 앞에 나서지 않았다는 사실인데, 그렇건만 우리 인간들의 속성은 과연 어떤가요? 먼저 남의 앞에 나서기를 좋아하고, 남 잘되는 꼴을 싫어하고, 이웃을 모함하여 끌어 내리지는 않았는지 스스로 자신을 되돌아봐야 할 문제이기도 하며 또한 분별할 줄 알며 자기의 분수를 알며 오로지 창조주이신 하나님께 감사합시다. 할렐루야!

65. 갈릴리 해변에 다니시다가 두 형제 곧 베드로라 하는 시몬과 그 형제 안드레가 바다에 그물 던지는 것을 보시니 저희는 어부라 말씀하시되 나를 따라오너라 내가 너희로 사람을 낚는 어부가 되게 하리라 하시니 저희가 곧 그물을 버려두고 예수를 좇으니라 (마 4:18-20).

● 사람은 누구를 막론하고 무슨 일을 시작하면 우선 동참하는 자가 있게 마련이지요. 예수님은 하나님을 잘 믿는 사람들이 많은 예루살렘으로 찾아가신 것이 아니라 갈릴리 해변을 거니셨는데, 세상에서 소외되고 가난한 삶을 사는 사람들을 택하신 것이 아닌가 싶으며, 갈릴리 해변에서 예수님의 수제자라 할 수 있는 베드로와 그 동생 안드레를 택하시는데, 과일이 잘 익으면 손을 대기 무섭게 꼭지가 떨어지듯 이들도 역시 나를 따르라는 말씀 한 마디에 부모와 가정과 생계의 수단인 배를 버려둔 채 바로 따라 나선 것은 우리가 본받아야 할 믿음이 아닐까요. 아멘!

66. 거기서 더 가시다가 다른 두 형제 곧 세베대의 아들 야고보와 그 형제 요한이 그 부친 세베대와 한가지로 배에서 그물 깁는 것을 보시고 부르시니(마 4:21).

● 여기서 또다시 예수님은 세베대의 두 아들 야고보와 그 형제 요한을 부르시니 그들 역시 군소리 없이 따라나서는데, 그들은 무엇에 끌렸기에 아버지도, 집도, 생활 수단인 배까지 버려두고 예수님을(말씀) 좇아 나설 수가 있었을까요? 그 믿음으로(중심) 인해서 그들은 열두 제자 중에서도 수제자가 되어서 자신들의 사명을 감당한 것은 아닐지요! 할렐루야!

67. 예수께서 온 갈릴리에 두루 다니사 저희 회당에서 가르치시며 천국 복음을 전파하시며 백성 중에 모든 병과 모든 약한 것을 고치시니 (마 4:23).

● 구약 때로부터 오리라 하신 메시아를 기다리던 바리새인의 율법사들은 그리스도가 이렇게 평범하고 볼품없는 육신으로(인자) 오실 줄은 꿈에도 생각지 못했지요. 오히려 힘없고 가난한 어부들은 그를(인자) 알아보았고, 택함 받아 예수님을 영접하여 동행하며 천국 복음을 들으며 저들과는 비교할 수 없는 금세와 내세의 축복을 아울러 받게 되었지요. 할렐루야!

68. 그의 소문이 온 수리아에 퍼진지라 사람들이 모든 앓는 자 곧 각색 병과 고통에 걸린 자, 귀신 들린 자, 간질하는 자, 중풍 병자들을 데려오니 저희를 고치시더라(마 4:24).

● 사람은 누구나 몸이 건강해야 무슨 일이건 할 수 있겠기에 예수님도 이 땅에 오셔서 가장 먼저 하신 일은 많은 환자를 돌보신 일이지요. 사람은 세상을 살다 보면 육신의 병이 생기기 마련이고, 또 육신의 병 외에 영적인 병도 있으니 예를 들자면 인간에게는 이미 태초부터 귀신이(마귀) 들어가서(창 3:6) 귀신에게 괴롭힘을 당하며 살고 있는 것이 인생사일진대, 인간은 멀쩡하다가도 갑자기 간질병이 발작하면 입에 거품을 물고 눈이 뒤집히며 뒹구는데, 신앙인도 멀쩡하다가도 무엇에 걸려 틀어지면 몸을 부르르 떨며 눈을 부릅뜨는 것은 곧 영적 간질인 셈이고, 또 중풍이란 대개 반신불수가 되어 팔과 다리를 저는데, 신앙인들도 오른편으로는 하나님을, 왼편으로는 세상을 따르는 곧 절름발이 인생인 것을 가리켜 영적 중풍 병에 비유하셨지요. 고로 우리는 보이는 육신의 병도 병이려니와 그보다 심각한 것은 영적인 병을 고쳐서

영육 간 강건하여 바른 자세로 건강한 삶을 살다가 천국에 가는 그 한날까지 두 마음 품지 말고 거룩하고 올바르게 살도록 노력합시다. 할렐루야 아멘!

第十八券. 산상수훈

69. 예수께서 무리를 보시고 산에 올라가 앉으시니 제자들이 나아온지라(마 5:1).

- 본문을 읽은 여러분은 얼마나 이해가 되시나요? 내용에 의하면 예수님이 산으로 올라가 앉으셨더니 제자들이 나왔다고 했는데, 제자가 먼저 산에 도착해 영접한 것도 아닌데, 무슨 뜻일까요? "산"의 비유는 사람을 뜻하며, 제자들의 중심을(속사람) 보신 예수께서 그 중심에(산) 들어가 앉으시니 영접한 사람이 바로 제자가 되어서 봉사한다는 뜻으로 보입니다. 우리도 각종 짐승들이 득실거리는 나의 자산의 각종 짐승의 근성을 내쫓고 소제하여 예수님만을 영접하여 저들과 같이 거룩하신 주님의 제자로 살아갑시다. 아멘!

70. 입을 열어 가르쳐 가라사대 심령이 가난한 자는 복이 있나니 천국이 저희 것임이요(마 5:2-3).

- "입을 열어 가르쳐 가라사대"라는 대목을 몇 군데서 읽었지만, 그 진정한 뜻을 아는 사람은 별로 없을 것 같은데, 보이지 않는 하나님의 입을 사람이 어떻게 볼 수가 있을까요? 이것 역시 비유로써 제자의 산에(속사람) 앉으셔서 입을 여셨다면 그 입이 바로 예수님의(하나님) 입이 되는 것은 아닐까요? 여하튼 "심령이 가난한 자는 복이 있다" 하셨는데, 물질이 없어서 궁핍한 생활을 하는 자로 오해할 수도 있는 대목이겠습니다. 물론 세상적으로 부족할 것이 없으면 마음이 게을러서 믿음을 소홀할 수도 있겠으나, 여기서는 심령이(속사람) 가난한 자라고 하셨으니 자신의 분수를 알아 하나님이 아니면 나라는 존재는 있을 수가 없다는 것을 자복하고 영적으로 자신을 부인하고 천국을 침노하는 가난한 심령으로 살아간다면 그 나라를(천국) 소유할 수 있을 것 아닌가요. 아멘!

71. 온유한 자는 복이 있나니 저희가 땅을 기업으로 받을 것임이요 (마 5:5).

- 땅을 기업으로 받는다? 죽어서 영으로 천국에 가면 거기서 땅을 기업으로 준다는 말씀인가? 땅에 관해서 특히 구약에 많이 등장하는 대목으로, 천국도 살아서 구원받는 길(육체 구원)과 죽어서 구원받는 길(죽음 후 구원). 이렇게 해서 두 갈래 길로 갈리는데, 잘 믿다가 죽어서 간다면 영은 천국에 갈지라도 육신(개체, 땅)은 환란을 통과해야 할 것이고, 만약에 살아생전에 그리스도 예수를 영접하여 동행하다가 따라간다면 땅(흙) 곧 육신까지도 구원을 받아서 영원한 "땅을"(영생) 기업으로 받는다는 아주 특별한

말씀이 내포돼 있지요. 이 사실을 명심하고 참 빛으로도 표현된 말씀 곧 그리스도 예수님을 온전히 영접하여 오로지 "죽으면 죽으리라"라는 각오로 내 십자가는 내가 지고 예수님의 뒤를 따라가야 승리하지요. 오~ 할렐루야!

72. **마음이 청결한 자는 복이 있나니 저희가 하나님을 볼 것임이요** (마 5:8).

- 성경에 이르기를 사람이 "하나님을 보면 죽는다"(삿 13:22)고 했는데, 여기에는 마음이 청결하면 하나님을 본다고 했으니 참으로 알다가도 모를 일이지요. 그 하나님을 쉽게 볼 수가 없기에 하나님이(성령) 예수라는 독생자로 오셨다는 사실을 알아야겠으며, 겉으로는 분명한 사람(인자)이지만 "말씀이 바로 하나님이시라"(요 1:1) 고로 우리도 하나님의 영을 영접하여서 하나님의 아들로 거듭나야겠지요. 할렐루야!

73. **빌립이 가로되 주여 아버지를 우리에게 보여 주옵소서 그리하면 족하겠나이다 예수께서 가라사대 빌립아 내가 이렇게 오래 너희와 함께 있으되 네가 나를 알지 못하느냐 나를 본 자는 아버지를 보았거늘 어찌하여 아버지를 보이라 하느냐**(요 14:8-9).

- 하나님의(성부) 독생자 곧 예수님이(성자) 바로 하나님이시라, 사람의 그 모양(겉사람) 안에(속사람) 하나님의 성령이 임재하시면 하나님의 형상이 된다는 뜻인데, 예수님은 분명 목수인 요셉 가문의

장자로 태어나서 겉모양은 우리와 똑같은 사람(인자)이지만, 예수님이 감당하시는 사명은 아버지인 하나님(성부)의 사역을 하신 그를(성자) 믿고 본 자는 하나님을 본 것이나 다름없다는 말씀이지요. 마음이 청결한(깨닫는) 자는 하나님을 본다고 했으며 하나님은 저 높은 하늘에(허공) 계신 것이 아니라 항상 우리와 함께 계시지요. 할렐루야!

🍀 구약 여러 곳에서 하나님을 본 자들이 많이 등장하는데, 특히 아브라함이나 이삭과 야곱 같은 사람들도 어디가 특별한 그런 신이 아닌 우리와 성정이 같은 사람일진대 하나님께서 영접하여 같이 먹고 마시며 대화하고 씨름까지(창 32:24) 했다고 했으니 우리도 열심히 믿어 마음이 청결한 자가 되어 그리스도 예수를 영접하여서 이 땅에서 만나 동행합시다.

어렴풋이

　감사한 마음을 주시자니… 너무 고마워 자지러질까봐 못 주시고, 충성하는 마음을 주시자니… 충성하고픈 마음에 육신이 지탱하지 못할까 봐 주지 못하시고, 봉사하고자 하는 마음을 주시자니… 나 살아 영광도 돌리지 못하게 될까 못 주시니 천상 무지가 큰 복이며 자유에다 두시고 양심에다 맡겨두신 분의 뜻을 어렴풋이 알게 하시네.

第十九券. 소금과 빛

74. 너희는 세상의 소금이니 소금이 만일 그 맛을 잃으면 무엇으로 짜게 하리요 후에는 아무 쓸데없어 다만 밖에 버리워 사람에게 밟힐 뿐 이니라(마 5:13).

● 소금의 쓰임새나 성분을 모르는 이는 별로 없을 줄로 생각하지만, 사람뿐 아니라 동물들에게도 없어서는 안 될 그 소중한 소금의 중요성을 아는 이는 별로 없을 것 같습니다. 이는 소금이 우리 주위에 흔하기 때문일 수도 있겠는데 예수님은 사람을 소금에 비유하셨고 그렇다면 그 중요한 소금의 역할은 무엇일까요?
소금은 골고루 간을 맞춰주고 부패하는(썩음) 것을 방지하기에 제자들을 소금에 비유하신 참 뜻은 너희도 세상에 소금과 같이 골고루 녹아주며(자기 부인) 없어서는 안 될 인물이 되어 쓰임에 적응하라는 의미로, 행여 녹아주지 못하고 롯의 처와 같이 소금기둥(창 19:26)이 된다면 아무 쓸모가 없어 밖에 버려져 사람들에게 밟힌다고 경고하셨으니 참으로 예수님의 두려운 경고의 메시지요 말씀이지요. 아멘 할렐루야!

75. 너희는 세상의 빛이라 산 위에 있는 동네가 숨기우지 못할 것이요 (마 5:14).

● 또한 사람을 빛에다 비유하시고 빛의 자녀와 어둠의 자녀로 구분

하셨는데, 이 빛은 하나님이 사람에게 주신 생명(생기)임과 동시에 이 빛을(생기) 영접하여 간직하면 산 위에 있는 동네 곧 개체가(사람) 다 드러나서 밝히 보이는 것은 아닐런지요. 오~ 할렐루야!

76. 너희가 전에는 어두움이더니 이제는 주 안에서 빛이라 빛의 자녀들처럼 행하라 빛의 열매는 모든 착함과 의로움과 진실함에 있느니라 (엡 5:8-9).

● 이와 같이 예수님을(그리스도) 영접하기 전에는 어두움(세상)이었고 예수님을(인자) 영접하면 빛의(하나님) 자녀가 된다는 교훈이며, 또한 빛의 열매는 주님 안에서 착하고 의롭고 진실함 곧 모범이 돼야 산 위에서 빛이 난다고 밝히 말씀하고 계시네요. 할렐루야!

77. 사람이 등불을 켜서 말 아래 두지 아니하고 등경 위에 두나니 이러므로 집안 모든 사람에게 비취느니라 (마 5:15).

● 등불은(믿음) 사람의 노력 여하에 따라 빛을 발산시키며, 또한 등경은(개체) 등불을 올려놓는 역할이지요. 예수님을 모시고 앞에서 일하는 사람을 가리킨 것으로, 등불이(믿음) 있으면 그릇이(등경) 있게 마련인데, 바로 그 등경은(개체) 말 아래(어둠) 두기 위함이 아니라 위에(드러남) 세워서 믿는 모든 사람에게 비춰야 모범이 된다는 교훈으로 풀이되지요. 오~ 할렐루야!

78. 또 간음치 말라 하였다는 것을 너희가 들었으나 나는 너희에게 이

르노니 여자를 보고 음욕을 품는 자마다 마음에 이미 간음하였느니라(마 5:27-28).

- 사람의 생각과 하나님의 생각이 얼마나 다르던가? 사람은 무슨 죄를 지었을지라도 눈에 보이는 물증이(증거) 있어야 죄가 성립되는데, 예수님은 마음으로 음욕을 품기만 하여도 이미 간음을 했다고 하시니 내 생각에는 마음속으로 딴 생각을 품지 않는 자는 하나도 없을 것 같지만, 달리 해석하자면 하나님 믿기가 그만큼 쉽지가 않다는 뜻도 포함되어 있지요. 아멘!

79. 만일 네 오른눈이 너를 실족케 하거든 빼어 내버리라 네 백체 중 하나가 없어지고 온 몸이 지옥에 던지우지 않는 것이 유익하며 또한 만일 네 오른손이 너를 실족케 하거든 찍어 내버리라 네 백체 중 하나가 없어지고 온 몸이 지옥에 던지우지 않는 것이 유익하니라 (마 5:29-30).

- 성경에 오른편과 왼편이 자주 등장하는데, 오른편은 하나님을, 왼편은 세상을 뜻하는 것으로 오른편(하나님) 눈이 사람을 실족케 할 수는 없는 노릇이지요. 어찌 한쪽 눈으로 범죄를 저지를 수 있으리요, 만일 그렇더라도 눈을 어떻게 스스로 빼며 또 뺀다고 악한 생각이 없어질까요? 본문의 눈은 마음을 가리킨 것으로, 오른쪽은 하나님을 향한 중심으로 그 마음에 사탄이 침투하지 못하게 하라는 경고며, 오른손이라 한 것도 손은 무엇을 만지거나 만들 때 사용하는 지체로 이 내용도 비슷한 경우지요. 아멘!

80. 그들이 알지도 못하고 깨닫지도 못함은 그 눈이 가리워져서 보지 못하며 그 마음이 어두워져서 깨닫지 못함이라(사 44:18).

● 이와 같이 마음이(속사람) 어두운 사람을 가리켜 눈이 어둡다고 표현했으며, 아울러 보지도 못하고 깨닫지도 못한다고 말씀하셨으니 정신줄을 바짝 차리고 두 마음을 품지 말아야 하겠지요. 할렐루야 아멘!

第二十券. 자기의 상

81. 사람에게 보이려고 그들 앞에서 너희 의를 행치 않도록 주의하라 그렇지 아니하면 하늘에 계신 너희 아버지께 상을 얻지 못하느니라(마 6:1).

● 그러면 이제 하늘에 대해서 한번 생각해 보겠는데, "하늘"이라 하면 사람들은 우선 저 끝이 없이 높고 광활한 창공, 곧 허공을 떠올리겠지요. 물론 그것도 하늘은 맞지만, 여기서 "하늘"은 그런 뜻보다는 사람을 빗대어 가리킨 것입니다. 왜 하늘에 비유하셨나 하면 하늘은 우선 높고 끝이 없기에 비행물체나 새들이 공간의 제한을 받지 않고 자유자재로 날아다닐 수 있는 것과 같이 사람도 이와 같이 몸은 한 곳에 있을지라도 마음은(생각) 어디든 생각대로 국내든 국외든 마음대로 왕래하는 곧 공상(욕망)으로는 막

히는 곳이 없이 어느 곳이든 생각 안에서 다닐 수 있는 사람의 생각을(속사람) 표현하신 것으로, 그런 사람의 공상을(속마음) 두고 하늘이라 일컫지 않았나 싶은 생각이네요. 오~ 할렐루야!

82. 그러므로 구제할 때에 외식하는 자가 사람에게 영광을 얻으려고 회당과 거리에서 하는 것같이 너희 앞에 나팔을 불지 말라 진실로 너희에게 이르노니 저희는 자기 상을 이미 받았느니라(마 6:2).

● 여기에서 구제라 함은 전도요, 또한 외식을 한다는 것은 입으로는 하나님을 열심히 믿는다면서 눈은 세상을 바라본다는 뜻이고, 회당은 교회요, 거리는 세상이요, 나팔이라 함은 입술로 외치는 음성이라는 뜻을 깊이 깨달아 생각해 보면 어지간히 비유의 뜻을 깨닫게 될 것이라는 생각이네요. 할렐루야 아멘!

🍀 세상을 살다가 보면 소문으로나 뉴스 매체를 통해서 유명하다는 어느 강사가 부정이나 또는 의롭지 못한 행동으로 인하여 하루아침에 추락하는 것을 가끔 접하게 됩니다. 이것이 바로 본문에서 성령 받은 것이 마치 자기의 재주인 양 회당이나 거리에서 함부로 나팔을 불다가 실족하는 경우인데, 이들은 이미 자기 상을 스스로 받았기에 내세에 가서는 더 받을 것이 없다는 경고로서, 우리 신앙인도 정신을 바짝 차리고 똑바로 길을 가야 승리자가 될 수 있지요. 아멘!

第二十一券. 이방인의 기도

83. 또 너희는 기도할 때에 외식하는 자와 같이 되지 말라 저희는 사람에게 보이려고 회당과 큰 거리 어귀에 서서 기도하기를 좋아하느니라 내가 진실로 너희에게 이르노니 저희는 자기 상을 이미 받았느니라(마 6:5).

● 외식하는 자라면 얼핏 하나님도 모르며 안 믿는 자로 생각할지 모르겠으나 본문에서 기도를 한다고 했으니 우리와 큰 차이 없으며, 다른 점이 있다면 진실한 기도는 어눌할지라도 중심은(속사람) 하나님을 향하지만, 어떤 이는 아주 유창한 기도로 주위에 시선을 끌며 부러움을 독차지할지라도 자세히 들어보면 자기를 앞세워 자기가 영광을 취하니 유창하다고 무작정 부러워할 일은 아닌가 싶네요. 할렐루야!

84. 너는 기도할 때에 네 골방에 들어가 문을 닫고 은밀한 중에 계신 네 아버지께 기도하라 은밀한 중에 보시는 네 아버지께서 갚으시리라 (마 6:6).

● 그러므로 기도는 보는 사람(세상) 중심이 아닌 들으시는 하나님(성부) 중심이 돼야 하며, 문을 닫는다는 것은 보이는 방의 문을 닫는다는 뜻도 되지만, 자신의 마음속(속사람)으로 주위와의 소통을 끊고 조용한 가운데 오로지 하나님과 소통하는 것이지요. 그렇

다면 이방인의 기도는 어떤 기도일까요. 할렐루야!

85. 그러므로 염려하여 이르기를 무엇을 먹을까 무엇을 마실까 무엇을 입을까 하지 말라 이는 다 이방인들이 구하는 것이라 너희 천부께서 이 모든 것이 너희에게 있어야 할 줄을 아시느니라(마 6:31-32).

● 기도하는 사람은 누구를 막론하고 우선 먹고 마시고 입는 것을 빼지 않고 기도하게 되는데, 그런 기도를 이방인의 기도라고 하시니 그러면 어떻게 하라는 말씀인가요? 여기에서 생각이 잘못 들 수도 있겠으나 그런 게 아니라 구하기는 하되 하나님(성부) 앞에 물질을 앞세워 물질만능주의로 살아가지 말라는 예수님의 깊으신 사랑의 경고가 담긴 바로 그런 진실한 기도를 의미하는 것이지요. 아멘 할렐루야!

第二十二券. 주기도문

86. 그러므로 너희는 이렇게 기도하라 하늘에 계신 우리 아버지여 이름이 거룩히 여김을 받으시오며(마 6:9).

● 주기도문은 예수님께서 제자들에게 "너희는 이렇게 기도하라"며 가르치신 기도문으로, 예수 믿는 신앙인이라면 누구나 이 주기도문을 외우는 줄로 생각됩니다. 그러면 "하늘에 계신 우리 아버지

여"로 시작되는 기도의 의미를 정확히 알고 외우는 사람이 과연 몇이나 될까요? 우선 하늘에 계시다고 했는데, 그것은 높디높은 저 광활한 창공을 가리키는 것이 아니며 앞의 설명과 같이 하늘은 사람의 마음을(속사람) 가리키는 것이며, 고로 내 마음 안에 계신 우리 아버지라는 뜻이지요. 그러면 하늘에 관해서 자세한 설명이 있는 곳을 한번 찾아보기로 하십시다. 아멘!

87. 또 주여 태초에 주께서 땅의 기초를 두셨으며 하늘도 주의 손으로 지으신바라 그것들은 멸망할 것이나 오직 주는 영존할 것이요 그것들은 다 옷과 같이 낡아지리니 의복처럼 갈아입을 것이요 그것들이 옷과 같이 변할 것이나 주는 여전하여 년대가 다함이 없으리라 하였으나(히 1:10-12).

● 주께서 태초에 땅에 기초를 두실 적에 하늘을 주의 손으로 지으셨다면 저 허공은 아닌 것이 분명하며 또 그것들이 멸망한다고 했으니 허공이(하늘) 무슨 멸망이 있으며 그것"들"이라고 복수일까요. 또 의복처럼 낡아지고 옷과 같이 갈아입는다고 하셨으니 어느 사람을 들어 쓰시다가 그가 나이 먹고 년대가 다하여 옷과 같이 낡아지면(늙어) 또 다른 사람을 들어 그 개체를 의복처럼 갈아 쓰신다는 뜻이지요. 할렐루야!

88. 나라이 임하옵시며 뜻이 하늘에서 이룬 것같이 땅에서도 이루어지이다 오늘날 우리에게 일용할 양식을 주옵시고 우리가 우리에게 죄지은자를 사하여 준 것같이 우리 죄를 사하여주옵시고(마 6:10-11).

- 각 개체마다(사람) 하나같이 나라가 분명할진대, 고로 "하늘에(속사람) 계신 아버지여 나라이(내게) 임하옵소서" 또 "하늘(개체) 곧 아버지(영체)가 이루신 것같이 땅(속사람)에서도 이루어지이다, 오늘날(매일) 우리에게 일용할(영육 간) 양식을 주옵소서"라고 하셨지요. 그리고 "우리에게 죄지은 자를 사하여 준 것같이"라고 하셨는데, 우리가 상대방의 죄를 사하여 주어야 나의 죄도 사함을 받는다는 뜻으로, 우리는 과연 이웃의 죄를 얼마나 용서하면서 살고 있나요? 이참에 자기 자신을 스스로 되돌아보는 계기로 삼읍시다. 오~ 할렐루야!

89. 우리를 시험에 들게 하지 마옵시고 다만 악에서 구하옵소서(나라와 권세와 영광이 아버지께 영원히 있사옵나이다 아멘)(마 6:13).

- 시험에 들게 하지 말아 달라고 하셨는데 이 시험이란 어떤 사람이 하고 말고 하는 것뿐 아니라, 하나님이 시험을(창 22:1) 하시는 경우도 가끔 있는데, 시험이란 항상 두렵고 껄끄러운 존재지요. 고로 이 시험에 들지 않기를 바라 마지않으며, 아멘!

90. 너희가 참음은 징계를 받기 위함이라 하나님이 아들과 같이 너희를 대우하시나니 어찌 아비가 징계하지 않는 아들이 있으리요 징계는 다 받는 것이거늘 너희에게 없으면 사생자요 참 아들이 아니니라 (히 12:12-13).

- 이와 같이 신앙인의 징계는(시험) 누구에게나 있는 것이며 오히려

징계가 없다면 사생자요 참 아들이 아니라고 하셨으니, 누구나 시험에 빠지지 않고 살수만 있다면 좋은 점도 있겠지만, 하나님께서 주시는 시험이라면 감당할 줄도 알아야 하겠지요. 그리고 이 육신(흙) 자체가 "악성"인 만큼 육성을 이기게 해달라는 기도도 곁들여서 해야겠지요. 할렐루야!

第二十三券. 보물 곧 보화

91. 너희를 위하여 보물을 땅에 쌓아두지 말라 거기는 좀과 동록이 해하며 도적이 구멍을 뚫고 도적질하느니라(마 6:19).

- 세상에서 보물이라고 하면 황금이나 각종 보석을 떠올리겠지만, 누군가는 이 구절을 놓고 물질을 많이 바쳐야 천국 곳간에 쌓아 좋은 곳에(천국) 갈 수 있다는 참으로 허황된 설교로 물질을 많이 바치라고 강요하지요. 그러나 여기서 보물을(말씀) 땅에(세상) 쌓아두지 말라고 하신 뜻은 거룩한 말씀을 썩어질 세상 물질에 너무 집착하지 말라는 뜻이지요. 할렐루야 아멘!

92. 오직 너희를 위하여 보물을 하늘에 쌓아두라 거기는 좀이나 동록이 해하지 못하며 도적이 구멍을 뚫지도 못하고 도적질도 못하느니라 네 보물 있는 그 곳에는 네 마음도 있느니라(마 6:20-21).

- 그러므로 예수님께서 물질에 대한 욕심을 버리고 천국의 보물인 말씀 곧 하나님을 섬기라고 당부하신 뜻으로 그 보물을(말씀) 내 마음(속사람) 깊숙이 간직했다면 그것을 어느 누가 뺏어가거나 도적질할 수도 없을뿐더러 보물이 있는 그곳에는(속사람) 네 마음도 함께 있다고 말씀하셨으니 깊이 깨달아 알고 오로지 감사함으로 잘 순종합시다. 아멘 할렐루야!

93. 한 사람이 두 주인을 섬기지 못할 것이니 혹 이를 미워하며 저를 사랑하거나 혹 이를 중히 여기고 저를 경히 여김이라 너희가 하나님과 재물을 겸하여 섬기지 못하느니라(마 6: 24).

- 세상 말에도 "일구이언은 이부지자"라는 교훈이 있는데 매우 적절한 비유라는 생각입니다. 하나님과 세상을 어찌 겸하여 섬길 수가 있으리요! 매사가 자기 생각과 같이 간단치가 않고, 또 말씀 없이는 세상을 살아갈 수도 없으며, 그렇다고 먹지 않고도 살아갈 수가 없기 때문이지요. 그런데 세상에서는 돈이나 명예에다 목을 매고 살다가 그 목적대로 달성되면 또 다른 생각으로 헛된 욕심을 부리게 마련인데, 과연 사람의 욕망이란 끝이 없다는 것을 밝히 깨달아 알고 세상(욕심) 중심으로 살아가지 말라는 경고의 말씀이며 만약에 보이는 세상이 없다면 사람이 어디에다 발을 붙이고 살 수 있다는 말인가요! 오~ 할렐루야!

第二十四券. 들보

94. 어찌하여 형제의 눈 속에 있는 티는 보고 네 눈 속에 있는 들보는 깨닫지 못하느냐(마 7:3).

- 과연 형제의 눈 속에 있는 티는 무엇이며 또 들보는 무엇일까! 티는 얼마든지 눈에 들어갈 수도 있고 씻어낼 수도 있지만, 혼자 힘으로는 움직일 수조차 없이 큰 것이 바로 들보일진대, 어떻게 눈에 들어갈 수가 있을까요? 이 비유를 깨달을 수 있는 사람은 극히 적은 숫자일진대, 성경 속에서 눈은 마음의 창 곧 마음을(속사람) 가리킨 것으로 누구나 상대방의 티 곧 좋지 않은 행동(허물)이나 허물은 잘도 꼬집으면서 정작 자기의 마음속에 있는 들보는(자존심) 깨닫지 못하고 변명과 합리화로 일관하는 것을 보게 되지요! "티"는 털거나 날려버리면 그만이지만, 들보는(자존심) 자기를 부인하지 않고는 절대로 움직일 수조차 없다는 사실을 인정하고 남보다는 자기 자신의 행동거지부터 되돌아보아 회개하며 근신하며 바른 삶으로 주님 앞에 감사하며 살아가야겠지요. 아멘!

사랑

　내가 사랑을 만나 보았고 사랑을 주셨기에 내가 사랑을 받았으며 사랑을 가르치시기에 내가 사랑을 배웁니다 오직 하나님은 사랑의 본체시니 내가 사랑의 얼굴을 뵈옵니다 그가 사랑으로 사랑을 보내시니 그래서 그가 사랑으로 오셨고 그가 사랑으로 십자가에 죽으셨기에 사랑을 모르던 내가 사랑으로 인하여 삽니다 하나님을 사랑하며 이웃을 사랑하며 오로지 사랑만을 하며 살아갈 겁니다. 아멘.

第二十五券. 거룩한 것

95. 거룩한 것을 개에게 주지 말며 너희 진주를 돼지 앞에 던지지 말라 저희가 그것을 발로 밟고 돌이켜 너희를 찢어 상할까 염려하라 (마 7:6).

● 신앙인들에게 거룩한 것이라면 그것은 단 하나 하나님의 말씀일진대, 그 거룩한 말씀을 개나 돼지에게 주지 말라고 하셨으니 개나 돼지는 사람을 비유한 것으로, 개는 사람과 더불어 살며 도둑을 지키고 주인은 잘도 알아보지만, 어느 누가 듣지 못하던 말씀

이라도(거룩한) 그에게 들려줄라치면 이단 삼단하며 물고 찢을까 염려한 대목이지요. 또한 돼지는 개보다 한 단계 낮은 좀 저질의 사람을 가리킨 것으로 돼지는 구정물이라 할지라도 배만 부르면 만사 해결이며, 상한 것도 게걸스럽게 먹어 치우는 곧 썩어질 세상 물질을 구하는 사람을 빗댄 말씀이지요. 할렐루야!

🍀 내가 자랄 적에 부모님으로부터 들은 말씀 중 개나 돼지는 사람과 한 솥밥을 먹는다고 들었는데, 그것은 그 짐승이 사람과 같이 한 상에서 먹는다는 뜻이 아니라 이들은 다른 짐승과 달리 풀이나 아무것이나 먹는 게 아닌 사람 먹는 음식 찌꺼기, 사람과 같이 솥에서 익힌 걸 먹지요. 개는 상한 것은 먹지 않지만, 돼지는 지저분하고 상한 것도 맛있게 먹으므로 이를 두고 예수님께서는 비유로 사람(사랑), 개(소망), 돼지의(믿음) 단계로 나눠 놓으신 것일진대, 만약 그게 아니고 실제 짐승이라면 무슨 거룩한 것이고 말고가 있을까요.

第二十六券. 좁은 문

96. 좁은 문으로 들어가라 멸망으로 인도하는 문은 크고 그 길이 넓어 그리로 들어가는 자가 많고 생명으로 인도하는 문은 좁고 길이 협착하여 찾는 이가 적음이니라(마 7:13-14).

● 신앙인들은 하나님을 믿기만 하면 다 천국에 들어가는 줄로 착각하며 살아가지만, 하나님을 믿는 사람들은 참으로 넘쳐나지요.

하지만 본문에서는 그 길이 좁고 협착하여 가는 사람이 매우 적다고 하셨는데, 그렇다면 누가 가고, 또 누가 가지 못하는 것일까요? 그것도 역시 돼지나 개들의 신앙의 가는 길과 사람 단계의 가는 길이 다른 것과 같이 예수님이 권능의 복음의 말씀을 전파하신 말씀대로 순종하여 세상 욕심을 버리고 예수님을(그리스도) 영접하여 자기 십자가를 지고 스스로 좁고 협착한 길을 택하여 그리로 들어선 자가 과연 얼마나 될까요? 오~ 할렐루야!

97. 나무도 좋고 실과도 좋다 하든지 나무도 좋지 않고 실과도 좋지 않다 하든지 하라 그 실과로 나무를 아느니라 (마 12:33).

- 이와 같이 예수님의(인자) 말씀이 좋거든 사람까지 믿고 예수님을(그리스도) 못 믿겠거든 말씀도 믿지 말라는 메시지인데, 당시 바리새인(율법사)들은 하나님을 믿고 메시아가 오실 날을 학수고대하지만, 인자로(예수) 오신 독생자(성자) 예수님을(그리스도) 배척하는 오류를 범하고 말았는데, 만일 우리가 그 시절에 태어났더라면 우리도 마찬가지로 핍박하지 않았을까 하는 생각에 전율하며 매사에 감사 아닌 것은 하나도 없지요. 아멘!

98. 나더러 주여 주여 하는 자마다 천국에 다 들어갈 것이 아니요 다만 하늘에 계신 내 아버지의 뜻대로 행하는 자라야 들어가리라 (마 7:21).

- 누구나 처음에 전도를 받고 주일날 교회에 가서 설교를 들으며 예수만 믿으면 다 천국에 들어가는 것으로 알고 믿었는데, 그렇

지가 않다는 사실을 비로소 알게 됐지요. 본문에 기록된 것과 같이 다만 아버지의(하나님) 뜻대로 행하는 자라야 천국에 들어간다고 하셨는데, 당시 예수를 보고 주여 주여 할 정도면 믿음이 큰 신앙일진대, 그들에게 천국에 못 간다고 하시니 의문이나 그것은 사람에게 의롭게 보이기 위해 속으로는(속사람) 두 마음을 품고 겉으로만 거룩한 척하는 가증한 자들의 속을(속사람) 훤히 들여다보는 예수님께서 경계하신 말씀이시지요. 할렐루야 아멘!

第二十七券. 문둥병 환자

99. 한 문둥병자가 나아와 절하고 가로되 주여 원하시면 저를 깨끗케 하실 수 있나이다 하거늘(마 7:2).

● 문둥병이란 과연 어떤 병일까요? 세상에서 어느 누가 문둥병에 한번 걸렸다 하면 살이 썩어서 떨어져 나가도 감각을 모르는 무서운 불치병일진대, 사람들은 이런 문둥병 환자를 두고 저주받았다고 하지요. 영적으로 볼 때에 하나님을 믿으면 영은 천국에 가지만, 사람인(인자) 예수의 육신까지(몸) 믿으면 몸까지(육신) 천국에 들어간다는 뜻인데, 그 문둥병자가 예수님의 소문을 듣고 와서 "주여 당신이 원하시면 저를 깨끗케 하실 수 있나이다" 하고 부르짖는 중심이야말로 모두가 본받아야 할 믿음이지요. 할렐루야!

100. 한 촌에 들어가시니 문둥병자 열 명이 예수를 만나 멀리 서서 (13절) 소리를 높여 가로되 예수 선생님이여 우리를 긍휼히 여기소서 하거늘(눅 17:12-13).

- 이들 문둥병자들은 예수님을 소문으로는 들었으나 이웃의 눈치도 봐야 했고 자기의 문둥병을 고쳐주실 것이라는 확신도 없는 관계로 다만 멀리 서서 예수님을(인자) 소리 높여 불렀다는 것은 문둥병자들이 그만큼 믿음과는 거리가 멀다는 뜻이기도 하지만, 사랑이신 예수님(그리스도)께서는 자신을(인자) 믿고 간구하는 문둥병자들을 외면하지 않으시고 그들의 소원대로 그 문둥병을 말씀으로 고쳐 주셨지요. 오~ 할렐루야!

101. 예수께서 손을 내밀어 저에게 대시며 가라사대 내가 원하노니 깨끗함을 받으라 하신대 즉시 그의 문둥병이 깨끗하여진지라 (마 8:3).

- 사람이 무슨 병에 걸렸거나 자신의 병을 고쳐 주실 것을 믿고 예수님께(그리스도) 간구하기만 한다면 예수님께서는 어느 누가 됐건 상관치 않고 말씀으로 치료하여 고쳐주시지요. 이것이 예수님의(그리스도) 사명이며 표적이요 거룩하신 하나님의 사랑이지요. 오~ 할렐루야!

102. 예수께서 이르시되 삼가 아무에게도 이르지 말고 다만 가서 제사장에게 네 몸을 보이고 모세의 명한 예물을 드려 저희에게 증거하라 하시니라 (마 8:4).

- 예수님(그리스도)께서 말씀으로 병자를 고쳐 주셨다면 이는 당연히 하나님께 영광을 돌릴 것이며 그리고 이웃에게 전도해야 마땅할진대, 아무에게도 말하지 말고 제사장에게 보이라고 하신 뜻은 예수님을 이단의 괴수라며(행 24:5) 배척하는 시대에 소문을 내봤자 그마저 저들에게 시달리며 또한 하나님까지 무시를 당할까 이를 염려하셨던 것은 아닐런지요. 아멘!

第二十八券. 예수님 영접

103. 예수께서 가버나움에 들어가시니 한 백부장이 나아와 간구하여 가로되 주여 내 하인이 중풍병으로 집에 누워 몹시 괴로워하나이다(마 8:5).

- 예수 앞에 나아와 자기 하인의 중풍 병을 고쳐달라며 간구하는 백부장의 이 믿음이야말로 우리가 본받아야 할 모범적인 신앙인의 믿음이겠지요. 세상에서 사는 나부터도 우선 자신에게 닥친 어려운 환난부터 호소할 뿐 예수님에게 나의 하인의 중풍병까지 고쳐달라고 간구하기란 참으로 드문 일이지요. 아멘!

104. 가라사대 내가 가서 고쳐주리라 백부장이 대답하여 가로되 주여 내 집에 들어오심을 나는 감당치 못하겠사오니 다만 말씀으로만 하옵소서 그러면 내 하인이 낫겠삽나이다(마 8:7-8).

● 예수님 당시 유대인의 백부장의 그 믿음이야말로 대단한 믿음이며 거기에다 겸손까지 곁들여 예수님의 수고하심이 부담되어 집에 오심을 감당치 못하겠다며 그냥 말씀으로만 해도 나을 줄을 알았으니 이 얼마나 놀라운 믿음인가요! 하지만 무조건 좋게만 생각할 것이 아니라 진심으로 하인의 중풍병 치료를 원했다면 예수님을 집으로 영접하여 확실한 치료를 받았어야 마땅하거늘, 백부장은 자기의 이면과 체면에 얽매어 예수님을 영접하지 않았던 것인데, 이 사건을 두고 지나친 고등겸손이라고 하지요. 오~ 할렐루야!

第二十九券. 열병

105. 예수께서 베드로의 집에 들어가사 그의 장모가 열병으로 앓아누운 것을 보시고 그의 손을 만지시니 열병이 떠나가고 여인이 일어나서 예수께 수종들더라(마 8:14-15).

● 질병 중에 열병은 한두 가지가 아닐진대, 그 열병은 과연 어떤 병일까요? 베드로 장모의 열병은 다른 열병과 달리 성령의 열병이었던 셈이지요. 가끔 겪는 일이지만, 성령도 너무 지나치게 받으면 자기 혼자만 받은 줄로 착각하는 사람이 가끔 있게 마련이고, 지나치다 보면 주위의 따가운 눈총도 있게 마련이며, 아무리 좋다 할지라도 지나치면 해로울 수도 있지요. 앞에서 백부장의 하

인과 같이 예수님은 말씀만으로 능히 고치는 능력의 보유자로, 베드로는 선생님을(예수) 집으로 모셔(영접) 영접했으니 손도 만질 수 있고, 예수님과 한자리에 앉아 정담도 나누며 중심을 바쳐 음식도 대접했으니 백부장의 경우와 얼마나 큰 차이인가요. 그러므로 멀리 서서 막연하게 "주여, 믿습니다"만 외칠 것이 아니라 주님을 영접하는 중심이 그만큼 소중하다 하겠지요. 할렐루야!

第三十券. 어떤 서기관의 믿음

106. 한 서기관이 나아와 예수께 말씀하되 선생님이여 어디로 가시든지 저는 좇으리이다(마 8:19).

● 바리새인의 서기관은 지위도 있고 존경받는 사람일진대, 예수님의 권능을 체험하고는 자기는 어디건 예수님을 좇겠다며 자신만만하게 신앙고백을 하지만, 그것은 어디까지나 사람의 착각으로 마음속까지(속사람까지) 감찰하시는 예수님(그리스도)의 눈에는 그렇지가 못했던 것은 아닐런지요. 할렐루야!

107. 예수께서 이르시되 여우도 굴이 있고 공중의 새도 거처가 있으되 오직 인자는 머리 둘 곳이 없다 하시더라(마 8:20).

● 예수께서는 그 서기관을 일컬어 하필이면 왜 여우와(귀신) 공중의

새에다(뜨내기) 비유하셨을까요? 그러면 먼저 여우의 특성부터 살펴봅시다. 여우는 무덤을 파서 죽은 송장을 먹는 못된 짐승(귀신)으로 영적으로 인간은 에덴동산에서 선악과를 따먹고 타락(죽은)했는데, 서기관들이 바로 죽은 자의(타락) 심령을 갉아먹는 곧 사람보다는 그 사람의 물질을 더 중히 여기는 못된 속마음을 꼬집은 것이지요. 요즘 교회에서 헌금을 더 중시하여 사람의 심령을 상케 하는 목자는 없는지 생각해 볼 문제며 또 공중에 날아다니는 새는 공간의 제한을 받지 않고 자유롭게 날지만 땅에서 평안하게 안식 곧 정착하는 것이 아니라 땅에서는 항상 떠돌이 생활을 하는 곧 안식이 없는 신세지요. 할렐루야!

108. 예수께서 가라사대 죽은 자들로 저희 죽은 자를 장사하게 하고 너는 나를 좇으라 하시니라(마 8:22).

● 여기에 기록된 문장대로라면 죽은 자가 죽은 자를 장사할 수 없는 노릇일진대, 죽은 아버지를 장사하고 예수님을 좇겠다는 그 제자에게 죽은 자는 죽은 자끼리 장사하게 하고 너는 나를 따르라고 말씀하셨습니다. 이것은 앞서도 강조했듯이, 먹고 싸고 일하는 생명은(혼) 살아있으나 에덴동산에서 선악과로 인해 생기가 죽었음을(창 2:17) 가리킨 것이지요. 그래야 맞지 예수님이 아무리 야박할지라도 자식이 자기의 죽은 부모를 장사지내겠다고 하는데 하지 못하게 하실 그런 예수님은 아니시지요. 아멘 할렐루야!

길표

길표로 달려 들어가는 물들이요 하늘들이요 겹겹이 쌓인 가시울 타리를 완성 거두어 남보석 홍보석 녹보석으로 완공 이루려 망대 뛰어넘노라 나도 초와 창포와 침향목 귀한 향품 잊지 마소 그 성곽 측량이 장과 고가 반듯하여 같이 맞음 될 때 깊은 골짜기에 비둘기 우는 소리가 찬양이 찬양으로 영광이 영광으로 마침이 되니 비둘기 한 쌍이 또 한 쌍으로 혼인잔치 들어가네. 아멘.

第三十一券. 고물 칸의 예수

109. 예수께서는 고물에서 베개를 베시고 주무시더니 제자들이 깨우며 가로되 선생님이여 우리의 죽게 된 것을 돌아보지 아니하시나이까 하니(막 4:38).

● 그 당시야 물론 바다에서(세상) 일어났던 매우 긴박한 사건이지만, 성경 속 말씀은 어느 한 시대의 어떤 특정한 사건만을 위주로 각본이 짜여진 것이 아니고 시대에 따라 읽는(믿는) 자의 중심을 따라 이루어지는 고로 비유 곧 인봉의 말씀을 세상 지식으로는 풀

수 없지요. 영적인 관점에서 풀리는 것으로 대개는 예수를 잘 믿는다고 하면서도 배부르고 등 따뜻해지면 긴장이 풀려서 믿음이 식기 일쑤인데, 가끔 예수님의 존재를 망각하고 살다가 환란이나 풍파가 닥치면 그때서야 기도와 간구로 잊고 지내던(고물 칸) 예수를 깨우는 게 바로 신앙인들의 민낯은 아닐런지요. 아멘!

110. 예수께서 이르시되 어찌하여 무서워하느냐 믿음이 적은 자들아 하시고 곧 일어나사 바람과 바다를 꾸짖으신대 아주 잔잔하게 되거늘(마 8:36).

● 인생이 세상을 살아가는 동안 아무리 힘들고 어려운 환란이 앞을 가로막고 행패를 부릴지라도 온전한 믿음과 확실한 중심만 있다면 세상에 능치 못할 일이 어디에 있으리요. 천지 만물을 창조하신 전능자 하나님은 자신을 의지하여 믿고 온전한 중심으로(속사람) 기도하는 자들에게는 이와 같이 바다뿐만(세상) 아니라 사나운 바람까지도(환란) 꾸짖어서 잔잔케 하시는 권세와 능력을 주신다 하셨지요. 당시 바다의 풍랑이 두려워서 고물 칸에서 주무시던 예수님을 제자들이 깨우며 하던 기도를 응답해 주시고 보호하신다는 확신을 가지고 믿는 신앙인이라면 세상에서 언제 무슨 일이 닥칠지 모르는 세상에(바다) 예수님 혼자서 고물 칸에서 주무시게 하지는 말았어야 하지요. 할렐루야 아멘!

第三十二券. 중풍병

111. 침상에 누운 중풍병자를 사람들이 데리고 오거늘 예수께서 저희의 믿음을 보시고 중풍 병자에게 이르시되 소자야 안심하라 네 죄 사함을 받았느니라 (마 9:2).

● 성경에는 중풍병 환자가 심심치 않게 등장하는데, 중풍병자야말로 하나님을 잘 믿는다고 장담하는 바로 우리들인 셈이지요. 예를 들자면 오른쪽(중심)으로는 하나님을 향하고 왼쪽(사탄)으로는 세상을 놓지 못하니 항상 영적으로 절뚝발이요 중풍병자로 살지요. 아울러 중풍병을 고쳐 주신 예수님은 너의 죄까지 사하노라고 말씀하고 계시네요. 감사합니다. 아멘!

112. 어떤 서기관들이 속으로 이르되 이 사람이 참람하도다 (마 9:3).

● 1절을 볼 것 같으면 본 동네라 하셨으니 본 동네의 서기관이라면 모든 면에서 정통임을 내세우며 세력도 막강할 것이지요. 그 서기관 앞에서 이름도 잘 알려지지 않은 목수의 아들 예수가 자기들 앞에서 중풍병자에게 죄를 사하겠노라고 하셨으니 그들의 입장에서는 황당하고 참람할 수밖에요. 할렐루야!

113. 그러나 인자가 세상에서 죄를 사하는 권세가 있는 줄을 너희로 알게 하려 하노라 하시고 중풍병자에게 말씀하시되 일어나 네 침상

을 가지고 집으로 가라 하시니(마 9:6).

● 성령이신 하나님은 자기의 모양이요 솜씨인 인간이 인자를(사람의 아들) 믿지 않는 그들의 속마음을(속사람) 아시고 저들을 꾸짖으셨는데, 인자가 세상에서 죄를 사하여 주는 권세에 대해서 말씀하시지만, 그 당시 서기관들이나 지금의 우리들이나 인자(사람의 아들)의 그 권세를 얼마나 믿을지 각자의 몫이지요. 그 예수가 방금 중풍병자가 실려 온 침상을(들것) 가지고 집으로 돌아가라고 하신 이 침상은 그 당시야 물론 실려 온 들것이지만 영적으로 볼 때에 우리의 개체는(육신) 영적 침상이요 집이며, 또한 성전이지요. 중풍병을 고쳐 주신 이 사건은 마태, 마가, 누가복음에 나란히 기록돼 있는데, 표현이 조금씩 다른 것은 그것을 보고 옮겨 적을 당시 기자의 시각차에 따라서 보는 각도가 조금씩 달리 표현했을 수도 있지요. 할렐루야!

114. 무리 때문에 메고 들어갈 길을 얻지 못한지라 지붕에 올라가 기와를 벗기고 병자를 침상채 무리 가운데로 예수 앞에 달아내리니 (눅 5:19).

● 여기서는 또 다른 각도로 표현이 돼 있는 것을 보는데, 병자가 그냥 지붕이 아닌 기와지붕을 벗겼다고(눅 5:19) 한 것은 기와집은 시대적 부의 상징으로 호의호식하며 살았다는 것을 암시하는 대목이지요. 이제는 기와를(자존심) 벗겨냈으니 자기를 부인했다고 할 수 있으며, 그런 후에 겸손히 예수 앞에 무릎 꿇고(자기부인) 자

기의 병을 고쳐달라고 했으니 예수께서 어찌 외면하셨으리요. 우리도 이런 좋은 점은 본받아 나 자신을 부인하고 서로 사랑해야 마땅하지요. 아멘!

第三十三券. 사람의 아들

115. 그가 일어나 집으로 돌아가거늘 무리가 보고 두려워하며 이런 권세를 사람에게 주신 하나님께 영광을 돌리니라(마 9:7-8).

● 이와 같이 병 고치는 권세를 하나님이(성부) 예수에게(인자) 주신 것을 보고 하나님께 영광을 돌렸다고 했는데, 생각해 보면 능력을 베푸신 예수께 영광을 돌렸을 법도 하건만, 영광을 하나님께 돌렸으니 이것이야말로 하나님은 사람을(인자) 세우시고 사람을 통해서 영광 받으신다는 사실을 깨닫고 믿어야 할 것이며, 하나님이 들어 쓰시는 사람을 인자라고 했으니, 인자는 사람의 아들이며, 인자는 예수 한 사람뿐이 아니라 세상에서 시대에 따라 하나님의 일을 하는 사람이라는 것이 드러난 대목이기도 하지요. 할렐루야!

116. 하나님은 인생이 아니시니 식언치 않으시고 인자가 아니시니 후회가 없으시도다 어찌 그 말씀하신 바를 행치 않으시며 하신 말씀을 실행치 않으시랴(민 23:19).

● 하나님이 인생이 아니시라는 사실은 누구나 공감하겠는데, 그러나 인자도 아니시라고 하셨으니 다시 말하면 인자는 바로 사람의 아들임을 뜻하는 것으로 당시로 볼 때 목수 요셉과 마리아 부부의 아들이 맞지요. 그러나 믿는 신앙인들은 인자는(사람의 아들) 예수 한 사람뿐인 줄로 아는데, 인자가 또 있다고 하면 큰일이라도 난 것처럼 호들갑을 떨지만, 그는 성경을 모를 뿐이지 에스겔서를 읽어보면 에스겔에게 "인자야"(겔 2:1)라고 불렀고, 다니엘서(단 8:17)에서도 다니엘을 보고 인자라고 했으며 성경 곳곳에 나오는 인자의(사람의 아들) 뜻은 인자는 바로 하나님에게 인침 받은 자를(요 6:27) 뜻하지요. 아멘 할렐루야!

117. 바리새인들이 보고 그 제자들에게 이르되 어찌하여 너희 선생은 세리와 죄인들과 함께 잡수시느냐(마 9:11).

● 능력 있고 권세 있는 사람이라면 그 신분에 걸맞는 사람들과 함께 어울려야 마땅할진대, 예수를 보면 능력은 하나님의 능력이 맞는데, 따라다니는 사람들은 하나같이 못살고 무식하고 신분이 낮은 어부들과 어울리며, 하는 행동마다 거룩하지 못했으니 당시로서는 당연한 일일 수도 있겠으나, 예수는(그리스도) 모든 사람의 죄를 사하여 주시고자 이 땅에 오셨고 "사람들은 그때부터 지금까지 나는 죄인이로소이다"라는 기도만 되풀이할 뿐 사람은(그릇) 인정치를 않으니 답답한 노릇이지요. 이 말은 나는 죄가 없다는 뜻이 아니라 일단 나의 죄를 예수님께 사함을 받았으면 이후로는 죄인 소리는 빼도 되지 않을까 하는 생각인데… 그럼에도 불구하

고 죽을 때까지 '나는 죄인입니다'라고 기도를 드린다면 죽은 후에도 죄인으로 남을 것 아닌가요? 만약에 그 기도가 맞는다면 그 죄인들의 천국은 과연 어디에 있을까요? 그들의 생각과 같다면 천국이 또 있어야 하지 않을까요? 오~ 할렐루야!

118. 너희는 가서 내가 긍휼을 원하고 제사를 원치 아니하노라 하신 뜻이 무엇인지 배우라 내가 의인을 부르러 온 것이 아니요 죄인을 부르러 왔노라 하시니라(마 9:13).

● 예수님의 대답은 백 번 맞는 당연한 말씀이지만, 우리가 살아가고 있는 세상은 그대로 따라가지를 못하고 있는 것이 현실일진대… 실력은 있으나 인맥이나 권력의 연줄이 닿지 못하는 자는 출세할 길이 없는 세태를 보시며 예수님은 약한 자는 강하게, 가난한 자는 부요하게, 병든 자에게는 치료해주시는 그 예수님의 사랑을 본받아서 "네 이웃을 네 몸과 같이 사랑하라"(마 19:19) 하시는 예수님의 말씀 곧 교훈대로 때로는 나보다 형제우애로 살아간다면 우리 주 예수님께서 칭찬하지 않을까요? 아멘!

第三十四券. 금식

119. 그 때에 요한의 제자들이 예수께 나아와 가로되 우리와 바리새인들은 금식하는데 어찌하여 당신의 제자들은 금식하지 아니하나이

까(마 9:14).

- 세상을 보면 신앙인들이 어려운 일을 당했을 때에 교회나 기도원 등지에서 금식하는 사례를 자주 볼 수 있는데, 금식은 신앙을 떠나서 미용이나 질병 치료의 목적으로 널리 쓰여지고도 있는데, 요한의 제자들이 예수님한테 와서 왜 당신의 제자들만 금식하지 않느냐고 따지는 걸까요? 요한은 예수님보다 여섯 달을 앞서 세상에 태어나서 주의(예수님) 길을 예비하고 그의 첩경을 평탄케(마 3:3) 하라는 임무를 띠고 온 선지자이거늘, 그는 예수님에게서 남들이 체험하지 못한 능력을 체험했으며, 또한 그 예수님을 증거까지 하고도 지금까지 자기 고정관념의 틀에 묶여서 벗어나지를 못하고 이와 같이 자기 제자들을 보내서 따지는 행태야말로 참으로 답답하고 안타깝고 실망스럽네요. 오~ 할렐루야!

120. 예수께서 저희에게 이르시되 혼인집 손님들이 신랑과 함께 있을 동안에 슬퍼할 수 있느뇨 그러나 신랑을 빼앗길 날이 이르리니 그 때에는 금식할 것이니라(마 9:15).

- 저들은(바리새인) 육으로 질문했는데, 예수님은 영으로 대답하시니 영의 귀가 아니면 어찌 깨달을 수 있으리요. 저 천국의 신랑 주님과(그리스도) 함께 있으면서 어찌 금식하겠느냐고…그렇지만 신랑을(그리스도) 빼앗길 때에는 금식한다고 하셨는데, 빼앗긴 후에 금식했다는 기록은 아직까지 찾아볼 수가 없을지라도 참된 금식이란 내가 즐기던 세상 것(오락) 곧 하나님께서 기뻐하지 않으

시는 것은(세상) 반드시 멀리하며 입술의 말과(금식), 눈의(봄) 금식과, 귀의(들음) 금식보다 더 중요한 금식이란 세상에 어디에도 찾아볼 수가 없을 것이지요. 무엇보다 중요한 사실은 하나님 말씀에 순종하며 범사에 감사하며 세상을 살아가는 삶이지 않을까요? 우리 신앙인들은 무엇보다도 내 안의 악성을(자기 부인) 철저히 쫓아내고 오로지 그리스도 예수님을 영접하여 온전히 순종하며 감사합시다. 할렐루야!

第三十五券. 가죽부대

121. 생베 조각을 낡은 옷에 붙이는 자가 없나니 이는 기운 것이 그 옷을 당기어 해어짐이 더하게 됨이요(마 9:16).

- 오늘날 세상은 부요하여서 옷을 기워 입는 이가 별로 없을진대, 얼마 전까지만 해도 오히려 기워 입지 않은 사람이 별로 없었던 시절도 있었건만, 이 비유를 세상적으로 본다면 맞지 않지만, 여기서 베는 말씀을 가리키지요. 새것 곧 생베 조각을(말씀) 낡은 사고방식에다 붙이려 하면 붙지도 않을 뿐더러 구습에(세상) 젖어 있는 사람까지(그릇) 찢어지는(감당), 곧 실족할 수도 있으니 비유의 말씀을 듣고 받을 준비도(무르익은) 되지 않고 무르익지 않은 자에게 함부로 입을 열지 말라는 염려의 말씀이시지요. 아멘 할렐루야!

122. 새 포도주를 낡은 가죽 부대에 넣지 아니하나니 그렇게 하면 부대가 터져 포도주도 쏟아지고 부대도 버리게 됨이라 새 포도주는 새 부대에 넣어야 둘이 다 보전되느니라(마 9:17).

● 여기에도 낡은 가죽 부대와(육신의 배) 새 가죽 부대가(사람의 배) 등장하는데, 이것도 역시 포도주는 말씀이요 또는 사람의 마음을(속사람) 가리킨 것으로 사람의 믿음은 누구나 천차만별일진대, 모두 자기 수준과 같은 줄로 착각하지만, 세상 음식도 부드러운 죽을(세상) 먹는다면 소화가 원활하게 되겠지만, 만약에 어린 아이에게 밥이나 떡을 먹인다면 탈이 날 수 있다는 점을 깨달아서 자기 분수에 맞게 먹어야 한다는 뜻이 담긴 말씀이지요. 우리 신앙인 모두 예수님(그리스도) 말씀에 온전히 순종합시다. 오~ 할렐루야!

第三十六券. 믿음

123. 예수께서 이 말씀을 하실 때에 한 직원이 와서 절하고 가로되 내 딸이 방장 죽었사오나 오셔서 그 몸에 손을 얹으소서 그러면 살겠나이다 하니(마 9:18).

● 그 당시 하나님을 잘 믿는다는 바리새인의 서기관이나 제사장과 율법사들은 예수님을 배척했으나, 오히려 가난하고 힘없는 어

떤 직원은(직원) 이미 죽은 자신의 딸에게 예수께서 오셔서 능력으로 그 손만 얹어도 죽은 딸이 살아날 것이라는 믿음의 확신으로 간구하는 것은 우리도 마땅히 본받아야 할 믿음이지요. 또한 예수님은 믿고 구하는 자에게는 외면치 않으시며 누구를 막론하고 소원대로 다 들어주시니 가만히 앉아서 한탄만 할 것이 아니라 "구하라 그러면 너희에게 주실 것이요 찾으라 그러면 찾을 것이요 문을 두드리라 그러면 너희에게 열릴 것이니"(마 7:7)라고 말씀하신 대로 우리도 온전히 믿고 순종하는 택정들로 거듭납시다. 할렐루야 아멘!

124. 예수께서 그 직원의 집에 가사 피리 부는 자들과 훤화하는 무리를 보시고 가라사대 물러가라 이 소녀가 죽은 것이 아니라 잔다 하시니 저들이 비웃더라(마 9:23-24).

● 여기서 집주인은(직원) 예수가 자신의 죽은 딸도 살릴 수 있다는 믿음으로 예수님을 영접했지만, 반대로 그 집에 있는 많은 사람들은 비웃었다고 했으니, 우리는 비웃는 그들을 못마땅하게 생각할 것이 아니라 만약에 내가 거기에 있었더라면 나는 과연 그 직원과 같은 온전한 중심으로(속사람) 간구했을지 생각해야 합니다. 그곳에 있는 사람들이 다른 이들보다 믿음이 없어서가 아니라 그 아이는 이미 죽었으며 죽은 자가 다시 살아난다는 것은 있을 수가 없는 일이기 때문일진대, 그 직원의 믿음은 특별했고 그 자리에 있던 사람들은 지극히 평범하고 정상적이지만, 우연한 장소에서 어쩌다가 예수님을 비웃는 자로 전락하는 신세가 됐는데, 거

기에 내가 없었다는 것은 크나큰 축복이 아닐 수 없으며, 그래서 말씀에 "보지 못하고 믿는 자들은 복되도다"(요 20:29)고 하셨나 보네요. 아멘 할렐루야!

기도

한 번 가면 다시 오지 않는 광음은 살같이 빠르건만 자라나는 주님 형상은 너무너무 더디오니 어이 통탄하지 않으리요 흐르는 물결 따라서 주님 은혜 쉬지 않고 돌아가건만 우매한 이 그릇들 잡을 수 없고 나 또한 따라서 흘러가기가 너무너무 힘들어 엎드려 간구하네요. 아멘.

第三十七券. 혈루증 환자

125. 열두 해를 혈루증으로 앓는 여자가 예수의 뒤로 와서 그 겉옷가를 만지니 이는 제 마음에 그 겉옷만 만져도 구원을 받겠다 함이라
(마 9:20-21).

- 앞의 한 직원의(마 9:18) 그 믿음도 대단했지만 이 혈루증 환자의 믿음 또한 주목해야 하지요. 열두 해를 혈루증으로 앓았다는 것은, 열둘은 세상의 완전수로 그간 무엇인들 해보지 않은 것이 있었으리요! 이제 희망마저 없어진 환자가 어디에 그런 믿음이 있었는지 예수님이 보실 때에 얼마나 갸륵하셨을까요. 할렐루야!

126. 예수께서 돌이켜 그를 보시며 가라사대 딸아 안심하라 네 믿음이 너를 구원하였다 하시니 여자가 그 시로 구원을 받으니라(마 22:9).

- 그 갸륵한 믿음을 보신 예수님께서 단번에 "딸아 안심하라" 하시고 축복해 주셨는데, 딸이라면 바로 혈육이지 않던가요! 부모와 자식 간이면 그 나라와 아버지의 모든 것이 다 내 것도 될 수 있으니 더 이상의 축복은 있을 수가 없으며 게다가 오랫동안 고생하던 불치병인 혈루증까지 고침 받은 것은 물론 그의 예수님을 향한 믿음 곧 그의 겉옷만 만져도 치료될 수 있겠다는 중심으로 말미암아 구원의 영생의 축복까지 약속으로 받았지요. 오~ 할렐루야!

第三十八券. 소경

127. 예수께서 거기서 떠나 가실새 두 소경이 따라오며 소리 질러 가로되 다윗의 자손이여 우리를 불쌍히 여기소서(마 9:27).

● 신약을 읽다가 보면 예수님께서 병자를 고쳐 주실 때는 길 가는 도중에 병을 고쳐주시는 것을 보는데 사람은 누구에게나 목적이 어디에 있건 간에 그 목적지를 향해서 길을 걷고 있는 것은 아닐런지요? 그런데 예수님을 알지도 못하는 그 소경들은 오직 소문에 의해서 예수님께서 가신다는 것을 들었기에 따라오면서 소리를 질렀다고 했으니 예수님이 그들의 눈을 뜨기 위한 그 간절함을 들으셨으므로 말씀으로 그들의 소경된 눈을 고쳐주셨던 것이지요. 할렐루야!

128. 예수께서 집에 들어가시매 소경들이 나아오거늘 예수께서 이르시되 내가 능히 이 일 할 줄을 믿느냐 대답하되 주여 그러하오이다 하니(마 9:28).

● 이해되지 않는 대목은 예수님은 길을 가시는 중에 두 소경이 그를 초청한 것이 아니라 예수의 뒤를 따라왔으니 집과는 거리가 있을 테지만 예수님이 집으로 들어가셨다는 것도 이상하거니와 거기다 예수님께서 들어가시니 소경들이 나왔다는 대목은 더없는 수수께끼죠. 그렇지만 성경에 뜻 아닌 것이 어디 있을까요? 사실 혈루증 환자가 겉옷을 잡았다는 그 겉옷은 바로 육신(겉사람)을 의미하는 것이요 여기의 집 또한 육신으로(속사람) 내 주님을 영접해 모셨더니 그 소경된 귀신이 사람에게서(속사람) 나왔다는 뜻이지요. 아멘!

129. 이에 예수께서 저희 눈을 만지시며 가라사대 너희 믿음대로 되라

하신대 그 눈들이 밝아진지라 예수께서 엄히 경계하시되 삼가 아무에게도 알게 하지 말라 하셨으나(마 9:29-30).

- 그 소경들의 믿음을 보신 예수님께서 그 소경들의 눈을 손으로 만지시며 "너희 믿음대로 되라 하신대" 감겼던 소경의 눈이 떠지는 놀라운 기적을 체험했는데, 사실 하나님이 사람을 지으실 적에 흙을 "손"으로 빚어서 만드신 작품이 곧 사람일진대, 그런고로 모든 사물은 다 손으로 이뤄지지요. 그런데 그 큰 기적을 행하셨으면 소문을 널리 퍼뜨려 하늘나라를 전파하여 하나님께 영광을 올려야 마땅하지만, 강퍅하기 그지없는 저 바리새인들이 고침 받은 자를 핍박하여 그들의 믿음마저 침해받을 것을 염려하셨기 때문이라 할지라도 그 장면을 목격한 자들이 많았을 테니 감춘다고 감춰질 수는 없겠지요. 할렐루야!

130. 그냥 두어라 저희는 소경이 되어 소경을 인도하는 자로다 만일 소경이 소경을 인도하면 둘이 다 구덩이에 빠지리라 하신대(마 15:14).

- 여기에서는 예수님이 바리새인과 서기관을 보고 소경이라고 하셨는데, 그들이 들었다면 기가 찰 노릇이었겠지만, 그들은 세상적인 율법을 가지고 전파하고 영적으로는 눈이 감겼으니 영적인 소경이 분명하지요. 그러한 소경들이 성전에서 많은 사람을 가르치는 시국이니 그야말로 둘이 다 구덩이에(음부) 빠질 수밖에 없는 안타까운 노릇이지요. 오~ 할렐루야!

第三十九券. 벙어리 귀신

131. 저희가 나갈 때에 귀신 들려 벙어리 된 자를 예수께 데려오니 귀신이 쫓겨나고 벙어리가 말하거늘 무리가 기이히 여겨 가로되 이스라엘 가운데서 이런 일을 본 때가 없다 하되(마 9:32-33).

- 바리새인들은 자기네도 지키지 못하는 율법으로 선생 노릇도 하고 남을 판단하지만, 예수님은 중풍병자, 소경, 벙어리, 귀신 들려 고통 받는 자들을 중점으로 오직 말씀만으로 치료해 주신다는 사실을 알 수 있지요. 단 이것은 믿고 간구하는 자에게만 해당되는 특별한 주님의 능력인 셈이지요. 아멘!

132. 바리새인들은 가로되 저가 귀신의 왕을 빙자하여 귀신을 쫓아낸다 하더라(마 9:34).

- 저 바리새인들은 자기들의 못하는 기적을 예수님께서 행하시면 얼른 인정하고 그의 발밑으로 들어가야 마땅하거늘 바리새인들은 자신의 체면이 구겨질까 또는 자기들의 밥그릇이 걸린 문제이다 보니 예수님을 보고 귀신의 왕을 빙자한다는 비방과 핍박을 서슴지 않고 자기 동조자들을 결집시키지요. 아멘!

133. 제자가 그 선생 같고 종이 그 상전 같으면 족하도다 집 주인을 바알세불이라 하였거든 하물며 그 집 사람들이랴(마 10:25).

● 여기서도 예수님이 한탄하시는 장면이 등장하는데, 저들은 모르면 가만히만 있어도 중간이라도 갈 텐데 함부로 입을 놀려 악한 말을 스스럼없이 뱉는 것은 참으로 위험천만하고 두려운 일이지요. 집주인이(율법사) 그 모양이니 그를 믿고 따르는 자들에게 무엇 하나 배울 것이 있을까 참으로 안타깝지요. 아멘!

第四十券. 천국 복음

134. 예수께서 모든 성과 촌에 두루 다니사 저희 회당에서 가르치시며 천국 복음을 전파하시며 모든 병과 모든 약한 것을 고치시니라 (마 9:35).

● 예수님의 짧은 생애에(33세) 어찌 그 많은 촌과 성을 찾아다닐 수가 있었을까요마는 성과 촌이라면 사람의 개체를(속사람) 일컬어 하신 말씀으로 하나님을 영접한 자의 개체가(육신) 곧 성이요 개체로 그 속의(속사람) 생각이 바로 촌락이지요. 그 개체(속사람)에 오셔서 "천국 복음"으로 두루 행하시며 믿음 없는 자의 병과 약한 자의 믿음을 바로잡아 주시지요. 아멘!

135. 무리를 보시고 민망히 여기시니 이는 저희가 목자 없는 양과 같이 고생하며 유리함이라(마 9:36).

● 스스로 높아져서 하나님께 돌릴 영광을 가로채고 있는 지도자(바리새인)들을 예수님께서 나무라시지요. 그럼에도 불구하고 그들을 따르는 무리가(백성) 마치 목자 없는 양과 같이 헛된(세상) 것을 믿으며 유리하는 것 같아 불쌍해서 한탄하시네요. 아멘!

136. 너희가 넉 달이 지나야 추수할 때가 이르겠다 하지 아니하느냐 내가 너희에게 이르노니 눈을 들어 밭을 보라 희어져 추수하게 되었도다 (요 4:35).

● 여기서 넉 달이란, 절기를 가리킨 것으로 매사에 때가 있어 봄이면 씨앗을 뿌리고, 여름에는 꽃을 피우고, 가을에는 영근 열매를 추수하여, 겨울에는 먹고 안식하는 것이 섭리이지요. 그런데 저들과 같이 하나님은 무소불능이라 하여 동에 번쩍, 서에 번쩍하는 그런 믿음을 갖는 게 오늘의 현실이 아닌가 싶으며, 또 눈을 들어 밭을 보라고 하신 비유는 밭은(개체) 사람을(속사람) 가리키셨는데, 한 알의 밀알 되신 예수님이 밀밭을(개체) 가리킨 것은, 요즘의 세상 교회를 보더라도 무르익은 심령들이 얼마나 많고 넘쳐나던가요. 오~ 할렐루야!

137. 이에 제자들에게 이르시되 추수할 것은 많되 일꾼은 적으니 그러므로 추수하는 주인에게 청하여 추수할 일꾼들을 보내어 주소서 하라 하시니라 (마 9:37-38).

● 성경 속 추수의 뜻을 모르는 이는 별로 없겠지요. 하나님의 독생

자이신(성자) 예수님이(그리스도) 자기 땅에서(속사람) 일하시는 것을 보고 귀신의 왕이라며(마 9:34) 핍박하는 바리새인들을 한탄하시며 제자들에게 추수할 일꾼 아버지의 참 일꾼을 보내달라는 기도는, 바로 제자 된 너희가 추수하라는 뜻이지요. 아멘!

138. 그런즉 한 사람이 심고 다른 사람이 거둔다 하는 말이 옳도다 내가 너희로 노력지 아니한 것을 거두러 보내었노니 다른 사람들은 노력하였고 너희는 그들의 노력한 것에 참예 하였느니라(요 4:37-38).

● 이 말씀은 듣기에 따라서 해석이 다를 수도 있겠습니다. 당시 제자들은 대체로 세례 요한의 제자였다가(전반기) 예수님의 제자로(후반기) 거듭났는데, 세례 요한 때는 심기는 심었지만 정작 추수를 거두는 몫은 심판장이신 예수님께서(그리스도) 직접 거두신다는 뜻으로도 볼 수가 있지요. 할렐루야 아멘!

第四十一券. 무덤

139. 내가 진실로 진실로 너희에게 이르노니 내 말을 듣고 또 나를 보내신 이를 믿는 자는 영생을 얻었고 심판에 이르지 아니하나니 사망에서 생명으로 옮겼느니라(요 5:24).

● 내(그리스도) 말을 듣고 나를(인자) 보내신 이를(하나님) 믿으라고 하

셨는데, 현실에서 말씀을 믿지 않을 사람은 별로 없을진대, 하지만 막상 사람을(인자) 보고 그가 바로 하나님의 독생자라는 것을 믿고 인정하기란 그때나 지금이나 쉽지 않은 일이지요. 만일 오늘날 그리스도가 내 앞에 나타나셨다면 그 사실을 믿고 따를 자가 과연 몇 명이나 될까요? 말씀을 듣고 인자를(사람의 아들) 믿는 심령은(속사람) 그 믿음으로 인하여 심판에 이르지 않고 사망에서 생명으로 옮겨 영생을 이미 얻었다고 말씀하시네요. 할렐루야 아멘!

140. 진실로 진실로 너희에게 이르노니 죽은 자들이 하나님의 아들의 음성을 들을 때가 오나니 곧 이때라 듣는 자는 살아나리라(요 5:25).

- 세상 지식으로 생각한다면 죽은 자가 어떻게 하나님 아들의 음성을 들을 수 있을까요? 하지만 죽은 자란 저 무덤 속에 있는 자가 아니고 에덴동산에서 뱀에게 속아 선악과를 따 먹은 후로 사람의 생기가 죽었던(창 2:7) 것이지요. 그리하여 죽은(생기) 자들을 살리기 위하여 직접 찾아오셔서 복음의 말씀으로 귀와 눈을 열어 주시며 하나님 아들의(그리스도) 음성을 들을 때가 곧 이때라고 하셨습니다. 그러니 내가 살아가는 "이때"를 명심하고 "이때"를 놓치지 말아야겠으며 오직 주님 앞에 감사드리는 감사자가 됩시다. 아멘!

141. 선한 일을 행한 자는 생명의 부활로, 악한 일을 행한 자는 심판의 부활로 나오리라(요 5:29).

● 마지막 때란(종말) 물론 죽은 자나 산 자나 다 심판대 앞에 서는 때가 올 텐데 죄를 짓고 죽은 후에 불 심판을 받는다면 그런 비극이 없겠지요. 그래서 이 육신이(생명) 죽기 전에 육신의 부활을 받기 위해 살아 있을 때, 곧 이웃들은 세상을 즐길 때 우리는 하나님의 뜻대로 살기를 간구하며 금욕생활을(금식) 하고 있는 셈이지요. 주기도문에 "하늘에서 이루신 것같이 땅에서도 이루어지이다"하신 것과 같이 무슨 일이건 이 땅에서 이루어지게 돼 있으며, 여기의 무덤도(속사람) 저 보이는 무덤으로 알고 믿으면 그만큼 뒤진 믿음이며 누가 뭐라거나 아랑곳하지 말고 목숨이(생명) 있을 때 생기가 죽었으니 아울러 이 목숨이(생명) 있어서 먹고 마시고 일할 때에 개체 무덤인(속사람) 죽음(생기)에서 살아나서 생명의(육신) 부활을 입는다면 그야말로 금상첨화가 아닐 수 없지요. 할렐루야!

142. 너희가 성경에서 영생을 얻는 줄 생각하고 성경을 상고하거니와 이 성경이 곧 내게 대하여 증거하는 것이로다(요 5:39).

● 신앙인들은 오로지 말씀밖에 아는 것이 별로 없으며 가르치는 제사장들도 말씀을(하나님) 가르치고 그 이상은 모르는 게 원칙이지요. 그 말씀은 바로 아들에(성자) 관하여 쓰여진 것으로, 당시 예수님은 하나님의 독생자시요 그리스도이심이 분명하건대, 사람으로(인자), 그것도 제사장이 아닌 평범한 가정집 아들로 오신 것이 큰 비밀이건만, 율법사들은 복음을 경청할 생각은 하지 않고 오히려 하나님을 욕되게 한다며 핍박했습니다. 만약에 다시 온다

하신 그 인자가 그때의 모습으로 우리 앞에 오신다면 우리는 어떨까요? 아멘!

第四十二券. 권능

143. 예수께서 그 열두 제자를 부르사 더러운 귀신을 쫓아내며 모든 병과 모든 약한 것을 고치는 권능을 주시니라(마 3:1).

- 어느 누구나 하나님 앞에 나아가 간절히 기도만 올리면 하나님이 모든 것을 다 해결해 주시는 걸로 알고 믿고 있는데 물론 그런 믿음도 중요하지만, 하나님은 그릇을(인자) 쓰시고 그릇을 통해 영광 받으시나니 고로 모든 병을 고치는 것과 약한 것을 고치는 능력을 믿고 동행하는 제자들에게 주셨지요. 아멘!

144. 또 산에 오르사 자기의 원하는 자들을 부르시니 나아온지라 이에 열둘을 세우셨으니 이는 자기와 함께 있게 하시고 또 보내사 전도도 하며(막 3:13-14).

- 예수님께서 오르셨다는 이 산은 자신(인자)을 좇는 그 제자들의 산을(속사람) 가리키며, 그 믿고 따르는 자, 개체마다 귀신을(세상) 내어 쫓는 권세를 주셨던 것인데, 성경을 읽다 보면 산에 오르는 대목이 많이 등장하는데, 지금 저 보이는 높은 산이라면 그 산이

어떤 산인지도 모를 뿐더러, 그 산이 나와 무슨 상관이 있다는 말인가요! 사람을 산으로 비유해 볼 때에 각자 마음의(산) 산(속사람)에는 저 깊은 산속에(세상) 숨어서 사는 각양 짐승의 못된 근성이 내 안에서(산) 득실거린다는 사실을 인정하고 우선 나 자신을 부인해야(자기 부인) 사람의 속에 자리 잡고 행패하는 짐승의 근성이 견디지 못하고 쫓겨 나간다는 주님 말씀이지요. 오~ 할렐루야!

145. 예수께서 이 열둘을 내어 보내시며 명하여 가라사대 이방인의 길로도 가지 말고 사마리아인의 고을에도 들어가지 말고 차라리 이스라엘 집의 잃어버린 양에게로 가라(마 3:5-6).

● 제자들의 자아를(육성) 정복하여 악한 생각을(짐승 근성) 버리게 하시며 그들을 교훈하시는 말씀으로 이방인의(세상) 길로도(율법) 가지 말고 사마리아인의(율법) 고을에도 가지 말라고 하십니다. 이 뜻은 이방인이나 사마리아인의 형식적으로 믿는 모습을 경계하신 말씀으로, 그들을 전도하는 것은 마땅하지만, 행실은 본받지 말라는 메시지지요. 저 이방인을 위한 사도로 택하심을 입고 사명을 감당한 사도 바울이 죽음도 마다하지 않고 복음의 말씀을 전도한 사실은 우리로 그를 본받아서 따르라는 메시지가 담겨 있는 대목이기도 하지요. 아멘 할렐루야!

몰랐지만

　나는 몰랐지만 그는 아시었네 가슴 두 방망이질 조여 기다린 듯이 무얼까 나는 몰랐네 알고 보니 뭇 아들 딸 때문에 아버지 하시었네 누가 섭리를 막으며 흐르는 물 막으리요 나는 몰랐지만 나는 몰랐지만 그는 나를 세상 창조 전에 아시었네. 아멘.

　같이 먹고 같이 살다 같이 들림 받자시던 주님 말씀 내 안에서 머리 들고 갸웃갸웃 아니 벌써 때가됐나 아직인가 묻고 싶네.

　헛된 인생 헛된 생활 이 세상이 전부인 줄 천년만년 먹을거리 입을 거리 챙기려다 덫과 같은 그 한 날이 오늘이면 낭패일세.

　주님 생각 주님 뜻이 내 생각과 내 뜻인 줄 분수 몰라 불평불만 합리화로 점치다가 발등 앞에 떨어진 불 끄지 못해 발만 동동.

　종의 생활 청산하여 상속자가 되기 위해 걱정 근심 훌훌 털어 세상 것들 팽개치고 가는 발길 잡지 마라 너는 음부 나는 낙원.

　가네 가네 나는 가네 앞장서신 주님 따라 네 십자가 네가 지고 너 부인코 따라오렴 주님 발길 너무 빨라 뒤처질까 두려워라.

　이웃들의 본향 찾는 발길 분주하건마는 겉사람과 속사람의 의견 일치 못 이루어 서쪽으로 기우는 해 누가 불러 되돌릴까.

第四十三券. 하늘에서 내린 떡

146. 예수께서 이르시되 내가 진실로 진실로 너희에게 이르노니 하늘에서 내린 떡은 모세가 준 것이 아니라 오직 내 아버지가 하늘에서 내린 참 떡을 너희에게 주시나니(요 6:32).

- 하늘에서 내린 떡은 하나님의 말씀을(요 6:33) 가리킨 것으로 이스라엘 백성이 광야 생활을(출 16:4) 할 적에 하늘에서 내린 만나를(양식) 가리킨 대목이지요. 모세가 많은 백성을 위하여 하나님께 기도를 올렸을 때 만나를 내려 주신 분은 하나님(전능자)이신 것을 강조하신 것이며, 아울러 하나님의 떡은(말씀) 생기가 죽었던 심령에게 없어서는 안 될 바로 인봉의 말씀이요 바로 생명의 떡임을(말씀) 뜻하지요. 할렐루야!

147. 저희가 가로되 주여 이 떡을 항상 우리에게 주소서(요 6:34).

- 제자들의 말과 같이 그 하나님의 생명의 떡을(말씀) 항상 우리에게만 준다면야 더 바랄 게 없겠지요. 그런 생명의(생기) 떡은(말씀) 예수님만(그리스도) 온전히 믿고 따른다면 항상 주실 것 아닌가요? 아멘!

148. 예수께서 가라사대 내가 곧 생명의 떡이니 내게 오는 자는 결코 주리지 아니할 터이요 나를 믿는 자는 영원히 목마르지 아니하리라 (요 6:35).

● 예수님(그리스도) 자신이 곧 생명의 떡(말씀)이라고 하셨는데, 예수님은 "말씀이 육신이 되어 우리 가운데 오신"(요 1:14) 복음의 말씀, 육신(인자)으로 오신 것을 성경상으로는 다 알겠지만, 몇 번이고 강조하셨지요. 보이지 않는 성령, 곧 기름 부음을(그리스도) 믿기는 쉽지만 그를 확인하기란 불가할지며, 인자는(사람의 아들) 항상 세상에 계시건만(마 28:20) 다만 우리 믿음이 적은 탓이지요. 아멘!

149. 아버지께서 내게 주시는 자는 다 내게로 올 것이요 내게 오는 자는 내가 결코 내어 쫓지 아니하리라(요 6:37).

● 누구나 예수를 믿거나 믿지 않는 것을 자기 마음대로 할 수 있다고 착각하지만, 본문과 같이 예수님은(그리스도) 한번 택한 자는 책임지고 버리지 않는다는 사실을 알아야겠습니다. 그리고 예수님을 한번 믿고 그 안에(인자 세계) 들어온 자들은 모든 것을 책임져 주신다는 예수님의 말씀도 잊지 말고 명심해야 할 대목이지요. 아멘 할렐루야!

150. 내 아버지의 뜻은 아들을 보고 믿는 자마다 영생을 얻는 이것이니 마지막 날에 내가 이를 다시 살리리라 하시니라(요 6:40).

● 예수(인자) 곧 하나님의 아들은(성자) 아버지의(성부) 뜻을 행하시는, 그 아버지의 뜻이란 아들을(인자) 보고 하나님을(전능자) 믿게 하려는 것으로 마지막 날에는(종말) 아버지께(성부) 심판의 권세를

받은 아들이(그리스도) 살려주마고 말씀으로 약속하고 계시네요.
아멘!

151. 내 살을 먹고 내 피를 마시는 자는 내 안에 거하고 나도 그 안에 거하나니(요 6:56).

● 제자들이 일상생활 속에서 예수님을(인자) 만난 것과 같이, 우리도 죽어서가 아닌 살아서 호흡할 때 인자를(예수) 영접해야겠지요. 영접해야만 "나는 아버지 안에 있고 아버지는 내 안에 계신 것을 네가 믿지 않느냐"(요 14:10)라고 하신 그 말씀대로 소 천국이 내 안에(속사람) 이루어지지요. 할렐루야 아멘!

第四十四券. 떠나는 제자

152. 이러므로 제자 중에 많이 물러가고 다시 그와 함께 다니지 아니하더라(요 6:66).

● 예수님의 제자라면 물론 가까이에서 그를 모시고 순종하며 동행하는 자들이지요. 예수님께서 자신의 몸을 양식과 음료라고(요 6:55) 설명하셨을진대, 그 말씀으로 인하여 제자의 단계까지 올라와서 발길을 돌리는 것은 참으로 안타까운 노릇이지요. 아멘!

153. 예수께서 열두 제자에게 이르시되 너희도 가려느냐 시몬 베드로가 대답하되 주여 영생의 말씀이 계시매 우리가 뉘게로 가오리이까(요 6:67-68).

● 생각해 보면 예수님 마음도 꽤나 착잡하셨을 것 같은데, 공들여 키워 놓은 제자들이 등을 돌릴 때마다 얼마나 마음 고생이 심하셨을까요? 하지만 언제까지 진실을 숨기고 밝히지 않을 수 없기에, 말씀을 깨닫고 붙어 있는 베드로와 같은 제자가 있기도 하지요. 그의 고백대로 "영생의 말씀이 계시오매 뉘게로 가오리까?" 이 고백이 바로 정답이지요. 아멘!

154. 예수께서 대답하시되 내가 너희 열둘을 택하지 아니하였느냐 그러나 너희 중에 한 사람은 마귀니라 하시니(요 6:70).

● 예수님의 제자 중 가룟 유다는 앞으로 예수님을 팔아넘길 인물이란 걸 진즉에 알고 계시는 예수님께서 틈만 나면 그가(가룟 유다) 깨닫고 돌아서도록 귀띔해 주시건만, 돌아서지를 못하는 그가 안타깝기 짝이 없지요. 그러나 정작 이 대목을 읽는 우리는 얼마나 깨닫고 있을까요! 예수님의 제자가 됐다고 해서 다된 것도 아니요 끝까지 감당하고 붙어있는 자라야 주님께 참 제자로 인정을 받을 것 아닌가요? 아멘 할렐루야!

第四十五券. 지혜로운 뱀

155. 병든 자를 고치며, 죽은 자를 살리며, 문둥이를 깨끗하게 하며, 귀신을 쫓아내되, 너희가 거저 받았으니 거저 주어라(마 10:8).

● 생각해 보면 지금까지 우리가 받은 하늘나라의(천국) 복음은 모두 공짜로 받았을진대, 인간 대부분은 자기에게서 무슨 능력이라도 나타나면 자신의 능력과 재주로 착각하여 높아지지요. 자기가 하나님의 영광을 받으려고 주절거리며, 심지어는 상대방에게 무슨 대가를 바라기까지에 이르는데, 그것은 참으로 위험천만한 발상이 아닐 수 없겠습니다. 아멘!

156. 보라 내가 너희를 보냄이 양을 이리 가운데 보냄과 같도다 그러므로 너희는 뱀같이 지혜롭고 비둘기 같이 순결하라(마 10:16).

● 비둘기같이 순결하라는 말씀은 이해하지만, 뱀같이 지혜롭다는 것은 이해가 아니라 거부감이 들 수도 있는 게 사실일진대… 뱀이 되라는 것이 아니라 뱀같이 지혜로우라는 말씀인고로, 뱀은 곧 세상 사람을 가리킵니다. 하나님을 믿는 자들은 답답할 정도로 한눈도 팔지 않고, 남의 말도 잘 듣지 않으며, 우직하리만치 오직 하나님의 말씀만으로 살아가지만, 세상에서 존경받는 어떤 사람은 고개가 절로 숙여질 만큼 지혜로우며, 저 에덴동산의 뱀도(창 2:18) 얼마나 지혜롭게 말을 잘 했으면 하와가 속아 넘어갔

을까요? 그러니 사탄이라고 해서 무조건 배척만 할 게 아니라는 것이지요. 이 세상을 남의 땅이라고 하셨으며, 또 그들(세상) 없이 혼자서는 살아갈 수가 없는 것이 세상일진대, 그들(세상)에게서도 배울 점은 배우며 더불어 살아가라는 메시지가 아닌가 싶네요. 할렐루야 아멘!

第四十六券. 자기 집, 집 주인

♣ 세상 사람들이 자기 마누라를 집사람이라고 부르며 또 남편을 가리켜 주인이라고 하는 호칭을 곧잘 써먹는 것이 바로 세상사일진대!

157. 집 주인을 바알세불이라 하였거든 하물며 그 집 사람들이랴
   (마 10:25).

● 물론 세상 사람들의 집사람이라는 호칭과 동일하다고 할 수는 없겠으나, 하지만 세상은 하늘나라의 그림자라고(대상 29:15) 하셨고 심지어 우리 개체를 놓고 "너희는 하나님의 집이요 하나님의 밭이니라"(고전 3:9)라고 하셨지요. 또 하나님은 사람이 지은 집에 거하지 않으신다고 말씀하셨으니 하나님의 손으로 직접 빚어 만드신 집에(개체) 거하시기를(속사람) 원하십니다. 그래서 이 집의(개체) 주인은 예수님(그리스도)이시며 우리는 예수님의 집 사람인 셈이 되며 또한 예수님을 영접하여 주님의 품 안에서 더불어 살게

되면 예수님은 신랑 주님이 되시고, 우리는 예수님의 신부가 되어 주님의 품에 안기지요. 할렐루야 아멘!

158. 그런즉 저희를 두려워하지 말라 감추인 것이 드러나지 않을 것이 없고 숨은 것이 알려지지 않을 것이 없느니라(마 10:26).

● 바리새인들이 집주인을(하나님) 보고 바알세불(귀신)이 지폈다며 갖은 핍박을 하지만, 예수님께서는 앞으로 감추인 것이 드러나지 않을 것이 없다고(눅 12:2) 말씀하셨습니다. 보이는 집이라면 감출 만한 비밀의 장소가 왜 없을까요마는 주님을 영접한 개체에(속사람) 들어오셨으니 아무것도 감출 수가 없으며, 신기하게도 요즘 하늘의 그림자라고 하신 세상 돌아가는 것을 보더라도 그 오랫동안 꼭꼭 감추어 뒀던 각종 부정부패가 그리도 백일하에 드러나고 있지요. 이 사실을 반성하기는커녕 고약한 냄새까지 피워대며 변명하는 것을 볼 때 오히려 그러한 현상이 신기하기까지 할 따름이지요. 아멘 할렐루야!

第四十七券. 자기 십자가

159. 또 자기 십자가를 지고 나를 좇지 않는 자도 내게 합당치 아니하니라(마 10:38).

● 세상을 살아가다가 보면 누구에게나 자식과 물질, 병마나 가족관계 등등 자기 십자가가 있게 마련이지요. 예수님의 "아무든지 나를 따라오려거든 자기를 부인하고 제 십자가를 지고 나를 좇을 것이니라"(눅 9:23) 하신 그 뜻은 알고는 있지만, 막상 어려움이(십자가) 오면 우선 감당할 생각은 하지 않고 요리조리 갖은 핑계와 원망과 상대방의 탓부터 하는 게 우리 인간들의 속성이 아닌가 싶습니다. 예수님께서는 자기를 부인하고 자기 십자가는 자기가 지고 내 뒤를 따르라고(마 10:38) 말씀하셨지요. 아멘!

160. 이에 예수께서 제자들에게 이르시되 아무든지 나를 따라오려거든 자기를 부인하고 자기 십자가를 지고 나를 따를 것이니라(마 16:24).

● 예수님은 십자가를 져야 할 하등 이유도 없으시건만, 인간들의 죄악으로 인하여 죄도 흠도 없으신 예수님께서 우리의 십자가를 대신 지셨던 것이지요. 우리는 태어날 때부터 사탄의(뱀) 아들로서 누구나 십자가(죄악) 없는 사람은 한 사람도 없음에도 불구하고 서로 남 탓 공방만 하며 분쟁하지요. 이것은 예수님 입장에서는 매우 안타까운 노릇일 테지요. 어쨌거나 우리는 인간의 십자가를 대신 지신 예수님의 뒤를 따라서 나를 부인하며 내 십자가를 지고 따라가야 할 텐데, 자신을 부인한다는 게 과연 가능할까요? 자기 부인이라는 뜻을 곰곰히 생각해 보면 엄연히 "내가"가 존재하는데 누가 억울한 누명을 씌우거나 조롱할지라도 자기 부인이 가능할까요? 할렐루야!

161. 몸은 죽여도 영혼은 능히 죽이지 못하는 자들을 두려워하지 말고 오직 몸과 영혼을 능히 지옥에 멸하시는 자를 두려워하라(마 10:28).

자기를 부인하고 자기 십자가를 지는 것은 무엇보다도 힘든 일일진대, 그렇지만 모든 것을 감당했을 때는 비로소 우리의 몸과 영혼을 천국으로 이끌어 주신다는 주님의 약속의 말씀 앞에 우리 신앙인들 모두 다 겸손히 무릎 꿇고 온 몸과 맘과 정성을 다하여 감사하는(부인) 감사자로 거듭납시다. 할렐루야!

第四十八券. 세례 요한의 죽음

162. 요한이 옥에서 그리스도의 하신 일을 듣고 제자들을 보내어 예수께 여짜오되 오실 그이가 당신이오니이까 우리가 다른 이를 기다리오리이까(마 11:2-3).

- 다 아는 사실로 세례 요한은 광야에서 말씀을 선포하며(마 3:1) 세상을 책망했으며(마 3:7), 또 자기의 제자들을 예수께로(요 1:35)보냈으며, 예수를(그리스도) 증거(요 1:29)했는가 하면 또 예수님으로부터 칭찬과 인정(마 11:11)도 겸하여 받았을진대, 세례 요한이 옥에 갇힌 후에 이와 같이 제자들을 예수께 보내서 예수님이 하나님의 아들이 맞나 의심하다가, 요한은 순교로(마 14:8) 생을 마치지요. 우리도 함부로 입을 놀리기보다 앞으로 우리에게 무슨 거치

는 것이 있을지라도 예수님을 시험하는 일만은 절대로 저질러서는 안 된다는 것을 명심하도록 합시다. 할렐루야!

163. 예수께서 대답하여 가라사대 너희가 가서 듣고 보는 것을 요한에게 고하되 소경이 보며 앉은뱅이가 걸으며 문둥이가 깨끗함을 받으며 귀머거리가 들으며 죽은 자가 살아나며 가난한 자에게 복음이 전파된다 하라(마 11:4-5).

● 그때나 지금이나 사람들은 입술로 자신을 나타내기가 일쑤지만, 예수님은 말이 아닌 행동으로 직접 보여 주셨던 점을 실감케 되며, 아울러 예수님께서는 직접 말씀으로 "육신"의 병을 고쳐주셨지요. 그 시대에 주님을 믿고 영접한 자들은 온갖 "영적인 병신들이 영의 눈을 뜨며, 영적인 앉은뱅이가 말씀으로 일어나며, 하나님을 모르던 영의 문둥병자들이 하나님을 영접하고 병 고침을 받으며, 영의 귀가 열리는, 심령이 가난한 자에게 복음이 전파되는(마 11:4) 새로운 삶을 살아가고 있지요." 할렐루야 아멘!

164. 누구든지 나를 인하여 실족하지 아니하는 자는 복이 있도다 하시니라(마 11:6).

● 여기서 "나"라는 이는 예수님으로 만유의 하나님을 믿는 것은 어렵지 않지만, 사람을(인자) 믿는 것은 쉽지가 않은 일이지요. 지금도 믿는 자들은 다 예수 믿는다고 말은 곧잘 하지만, 평범한 어느 집안의 아들이 나는 하나님의 아들(성자)이라고 외칠 때 실족

하지 않을 자가 과연 몇이나 될까요? 세례 요한과 같은 선지자도 성령이 충만할 때는 예수님을 증거했으나 옥에 갇히고 난 이후로 예수를 의심하게 되고 내가 잘못 믿은 것은 아닌가 싶어 제자들을 보내어 확인한 것같이 요즘도 마찬가지일 것이라는 내 생각입니다. 그럴수록 정신들 바짝 차려서 마음속 "獄"인 음부에 스스로 갇혀서 인자를 부인하다가 실족하는 자가 하나도 발생해서는 안 되겠지요. 할렐루야!

165. 저희가 떠나매 예수께서 무리에게 요한에 대하여 말씀하시되 너희가 무엇을 보려고 광야에 나갔더냐 바람에 흔들리는 갈대냐 그러면 너희가 무엇을 보려고 나갔더냐 부드러운 옷입은 사람이냐 부드러운 옷을 입은 자들은 왕궁에 있느니라(마 11:7-8).

● 요한의 제자들이 떠나간 후에 예수께서 무리에게 광야에서 외치던 요한에 대하여 증거하신 말씀으로, 바람 부는 대로 흔들리는 사람의 마음을 갈대에 비유하셨으며, 또 하나님 믿는 것을 비단 옷을 입고 호강하는 것쯤으로 생각하지 말라는 뜻이지요. 할렐루야!

166. 그러면 너희가 어찌하여 나갔더냐 선지자를 보려더냐 옳다 내가 너희에게 이르노니 선지자보다도 나은 자니라(마 11:19).

● 세례 요한은 대제사장 사가랴와 엘리사벳의 부부 사이에 성령으로 인해서 태어난(눅 1:13) 아들로서, 태어날 때에 이미 자기 사명

을 띠고 나와서 자기의 사명을 열심히 외쳤는데, 모든 것을 다 아시는 예수님은 그가 선지자보다 더 나은 자라며 여자가 낳은 자 중에서 세례 요한보다 더 큰 이가 없다고(마 11:19) 앞에서 우리에게 말씀해 주셨지요. 할렐루야!

신부님
참고 참고 또 참아 손공예의 백 번 아닌 천만 번이라도 참아 인내는 결코 꿀송이가 아니려니 인간의 욕망을 어이다 충족시키나 보고도 참고 듣고도 참아 다만 양심의 횃불을 밝히고…

第四十九券. 성령의 귀

167. 귀 있는 자는 들을지어다(마 11:15).

- 일단 사람으로 태어났다면 귀가 없는 자는 세상에 한 사람도 없을진대, 여기서 귀 있는 자는 들으라고 분명히 말씀하셨으니 이것

을 알아들을 귀는 또 어떤 귀일까요? 아무리 세상 귀가 밝고 똑똑할지라도 하나님의 말씀을 듣지 못하는 세상 귀와 성령의 귀, 그렇게 귀도 두 분류로 나누어지지요. 할렐루야!

168. 이 세대를 무엇으로 비유할꼬 비유컨대 아이들이 장터에 앉아 제 동무를 불러(마 11:16).

- 본문과 같이 이 세대는 장터와 마찬가지지요 장터란 물건을 사고팔고 흥정하는 곳으로 사고, 팔고, 지지고, 볶고, 싸우고 시끄러운 곳으로 혹시 교회에서도 덕이 되질 못하고 형제간에 험담하며 물질을 사람보다 앞세우지는 않았는지, 그런 상태를 꼬집어 비유하신 말씀은 아닌가 싶어 죄송스럽네요. 할렐루야!

169. 가로되 우리가 너희를 위하여 피리를 불어도 너희가 춤추지 않고 우리가 애곡하여도 너희가 가슴을 치지 아니하였다 함과 같도다 (마 11:17).

- 너희를 위하여 피리를 분다고 하셨는데, 저런 피리라면 우리와 무슨 상관이 있겠습니까? 피리란 아름다운 소리를 내는 음성으로, 하늘나라를 증거하는 입술이 얼마나 아름다운지요! 그 아름다운 소리가 모두 우리 인간들을 위한 피리 소리건만, 귀담아 듣지를 않고 심지어 어떤 이들은 비웃거나 농담으로 여기는 자가 더러 있다는 사실은 우리 신앙인에게 매우 안타까우며 가슴을 칠 노릇이지요! 아멘 할렐루야!

第五十券. 아버지와 아들

170. 옳소이다 이렇게 된 것이 아버지의 뜻이니이다(마 11:26).

- 세상을 살아가다가 불행한 일이라도 닥치면 하나님을 믿는 내게 왜 이런 불행이 닥치느냐고 하나님을 원망하는 것이 대부분의 모습입니다. 예수님같이 점도 없고 흠도 없는 그리스도에게 닥치는 뜻하지 않은 죽음도 알고 보면 모두 하나님의 뜻이라는 것을 우리는 새삼 깨달아 알아야 할 부분이지요. 할렐루야!

171. 내 아버지께서 모든 것을 내게 주셨으니 아버지 외에는 아들을 아는 자가 없고 아들과 또 아들의 소원대로 계시를 받는 자 외에는 아버지를 아는 자가 없느니라(마 11:27).

- 아버지와 아들의 관계란 미묘해서 주고받는 당사자끼리만 서로 통하는 것으로 예수님이 나는 하나님의 독생자라고 증거하셨지만, 그것을 믿는 자가 적다는 점을 실감하십니다. 어쨌거나 아버지가 아들을 보내실 때에는 분명한 목적이 있을진대, 그 사명을 감당하기 위해 아버지의 뜻을 이루시는 아들의 소원, 그 소원은 바로 아버지의 소원이기도하지요. 아멘!

172. 수고하고 무거운 짐 진 자들아 다 내게로 오라 내가 너희를 쉬게 하리라(마 11:28).

● 본문과 같이 예수를 믿으면 무거운 짐이 가벼워지고 만사형통인 줄로 생각하고 믿지만, 하지만 자신들도 지키지 못하는 그 율법으로 인해서 어깨는 더욱 무겁기 마련이지요. 그게 무슨 말이냐고 반문할 수도 있겠지만 사실 저들은 알지도 못하는 천국을 간다는 희망에 부풀어 심적 위로를 얻을 뿐이지, 남들이 가지 못하는 천국에 가기 위하여 남들보다 한 가지 일을 더 하게 되니 심적으로 피곤한 것은 당연할 것입니다. 그렇지만 예수님은 짐도 가벼워지고 쉬다는 말씀을 왜 하셨을까요? 예수님은 심판권을 가지고 오셔서 우리와 동행하며 우리의 기도에 응답해 주시건만, 저들은 막연하게 눈감고 공중에다 '믿습니다' 외치는 것보다 우리는 참으로 가볍고 쉬운 일이지요. 아멘!

173. 나는 마음이 온유하고 겸손하니 나의 멍에를 메고 내게 배우라 그러면 너희 마음이 쉼을 얻으리니(마 11:29).

● 세상에는 위인전이나 소설도 넘쳐나고 좋은 사람도 많다고 하지만, 우리 예수님만큼 온유하고 겸손한 사람이 어디에 또 계실까요? 헌데 수고하고 무거운 짐을 졌다고 하신 그 무거운 짐이란 과연 무엇일까요? 생각하기 나름으로 십자가의 고난을 떠올릴지 모르겠으나 본문을 자세히 볼 것 같으면 몸이 아니라 마음이 쉼을 얻는다고 하시지 않았나요? 육신은 언젠가 시들기 마련이지만, 마음은(심령) 영원하기에 우리 신앙인들은 누구나 육신의 짐보다 영혼을 위해서 수고하고 무거운 짐을 지고 간다 하겠지요. 아멘!

第五十一券. 밀밭

174. 그 때에 예수께서 안식일에 밀밭 사이로 가실새 제자들이 시장하여 이삭을 잘라 먹으니 바리새인들이 보고 예수께 고하되 보시오 당신의 제자들이 안식일에 하지 못할 일을 하나이다(마 12:1-2).

- 그들은(제자) 길이 없어서 밀밭 사이로 다녔을까요? 하필이면 다른 날도 아닌 안식일인데 말이죠. 그러나 생각해 보면 한 알의 밀알로 세상에 오신 예수님이 아니신가요? 그 예수님이 제자들과 밀밭을 거니시는 건 지극히 당연한 일이며, 밀밭에 들어가 보니 아직 덜 익은 밀이삭도 더러 있었지만, 곧 추수하게 여물은 것들도 있어서 제자들이 그 익은 밀 이삭을 손으로 비비어(추수) 먹었다는 것은 영적 추수를 의미합니다. 깊은 뜻을 모르는 바리새인들이 비난하지만, 무엇보다 더 좋은 것이 눈앞에 있을지라도 시장하지 않은 자들에게는 아무런 관심이 없을 수도 있겠지요. 할렐루야!

175. 인자는 안식일의 주인이니라 하시니라(마 12:8).

- 인자는(예수) 안식일의 주인이라고 하셨는데 무슨 말이 필요할까요? 고로 밀밭의(개체) 주인도 되시지요! 안식일에 집 주인이(그리스도) 와서 익은 알곡을(추수) 추수하실 때 만약 저들이(바리새인) 인자(그리스도)를 알아봤다면 상황은 달라졌겠지요. 할렐루야 아멘!

176. 내가 너희에게 이르노니 성전보다 더 큰 이가 여기 있느니라
(마 12:6).

● 자기들만이 최고인 줄로 착각하는 제사장들에게(바리새인) 예수가 (인자) 얼마나 눈엣가시였을까 생각해 봅니다. 하지만 분명히 짚고 넘어가야 할 것은 예배를 드리는 보이는 성전보다(건물) 직접 그리스도로 오신 인자는 곧 하나님의 본체시요 우리들의 성전이시지요. 아멘!

第五十二券. 좋은 열매

177. 또 누구든지 말로 인자를 거역하면 사하심을 얻되 누구든지 말로 성령을 거역하면 이 세상과 오는 세상에도 사하심을 얻지 못하리라(마 12:32).

● 여기에도 인자는 하나님이 아닌 사람의 아들이라는(인자) 암시가 잘 표현돼 있지요. 만약에 인자가(사람의 아들) 하나님이셨다면 그를 거역하고 사하심을 얻을 육체가 있을까요? 성령을 거역하면 내세에서도(천국) 사하심을 얻지 못하지만, 인자를 거역하면 사하심을 얻는다고 하신 뜻은 사람에게는 모르고 잘못을 저질렀다가도 그 후 깨닫게 되면 돌아가서 용서를 구할 수도 있겠다는 것이며 성령을 거역하면 영원히 되돌릴 수 없다는 것 아닐까요? 오~

할렐루야!

178. 나무도 좋고 실과도 좋다 하든지 나무도 좋지 않고 실과도 좋지 않다 하든지 하라 그 실과로 나무를 아느니라(마 12:33).

● 그렇다고 예수님의 말씀은 좋다고 하면서 그 말씀을 하시는 입술을(인자) 어찌 부인할 수 있습니까? 대개 사람은 열매로써는(속사람) 사탄의 짓을 하면서 행동거지는(겉사람) 거룩한 척하는 이중적 잣대를 예수님께서 보고 꾸짖으신 교훈이지요. 아무리 악한 사람일지라도 이웃에게는 칭찬받기를 원한다면 우선 열매부터(씨) 바른 자세로 나무가 있을 동안에 좋은 열매를 맺히도록 행동해야 할 것 아닌가요? 오~ 할렐루야!

第五十三券. 표적

179. 그 때에 서기관과 바리새인 중 몇 사람이 말하되 선생님이여 우리에게 표적 보여주시기를 원하나이다 예수께서 대답하여 가라사대 악하고 음란한 세대가 표적을 구하나 선지자 요나의 표적 밖에는 보일 표적이 없느니라(마 12:38-39).

● 과거나 지금이나 누가 주는 것인 줄도 모르고 표적이라면 하나님의 신비한 계시로 잘못 인식하고 덥석 먹어 치우는 세대들이

있는 것과 같이 바리새인의 대제사장이나 서기관들이 예수님에게 표적을 보이라(마 12:39) 그러면 우리가 믿겠노라고 예수님을 시험하지요. 그러나 예수님의 대답은 사람들의 신기한 표적이나 이적은 보는 그때뿐이지 영원한 구원과는 거리가 멀다는 뜻으로 풀이되며, 또 요나 선지자의 표적 밖에는 보일 표적이 없다고(마 12:39) 하셨는데 그 요나의 표적은 과연 무엇을 뜻할까요? 할렐루야 아멘!

180. 요나가 밤낮 사흘을 큰 물고기 뱃속에 있었던 것같이 인자도 밤낮 사흘을 땅속에 있으리라(마 12:40).

● 요나서를 보면 여호와께서 요나에게(선지자) 니느웨 성의 악독이 여호와 앞에 상달하였으니 그 성을 쳐서 외치라고 하셨으나, 악한 자 앞에 섣불리 나섰다가 받을 핍박이 두려워서 가지 않으려고 하다가 그 불순종으로 인하여 바다 속 큰 물고기에게(사탄) 먹혀 그 뱃속(흑암)에서 사흘을 갇혀 회개와 기도로 사흘 만에 구원을 얻었지요. 이와 같이 예수님도 백성에게 잡혀서 십자가에서 죽고 부활하실 것을 예고하셨지요. 아멘!

181. 여호와께서 그 물고기에게 명하시매 요나를 육지에 토하니라 (욘 2:3).

● 비유는 신기하기도 하거니와 그 재미 또한 쏠쏠하지요. 바다의 큰 물고기라고 하셨는데 바다는 세상을 가리켰고, 바다의 큰 물고기

라면 세상 사탄이 아니고 무엇일까요! 요나는 사탄에게서 풀려나와서 또다시 여호와의 앞에 서는데…. 오~ 할렐루야!

☘ 여기에서 우리가 명심할 것은 여호와는 믿는 자에게만 해당되는 하나님이 아니라 저 두려운 사탄까지도 주관하시며 명령하신다는 것을 여기에서 알 수가 있지요. 요나가 하나님의 말씀을 거역한 것은 심령이 세상으로 향한 것 곧 사탄에게 먹혔다는 뜻도 봅니다. 만왕의 왕이신 여호와의 명령으로 사탄에게서 다시 풀려난 것을 보는데, 이것을 분별할 줄 모르는 대개 사람들은 자신의 믿음을 과신하면서 살아가고 있지만 항상 불꽃같은 눈으로 감찰하시는 하나님을 두려워하고 그릇된 행동을 삼가야 하겠지요. 아멘!

第五十四券. 인자

182. 예수께서 저희가 그 사람을 쫓아냈다 하는 말을 들으셨더니 그를 만나사 가라사대 네가 인자를 믿느냐(요 9: 35).

● 예수께서 소경의 눈을 뜨게 해주신 것이 분명할진대, 저 바리새인들은 사실을 인정하자니 자신들의 체면이 구겨질 것과 제사장의 위치도 흔들릴까 두려워 예수뿐 아니라 그 소경 되었던 청년까지 불러서 핍박하고 쫓아냈지요. 그러나 예수님은 그 청년을 다시 만나서 인자를 믿느냐고 확인하고 계시네요. 할렐루야!

183. 대답하여 가로되 주여 그가 누구시오니이까 내가 믿고자 하나이다(요 9:36).

- 대개 인자라고 하면 우리 보통 사람과는 어딘가 다를 것으로 착각하지만, 그 인자(사람의 아들) 속의 말씀(하나님) 외에는 외형상 다 같은 사람이지요. 이 청년도 그가 누구신지 알려만 주면 믿겠노라고 인자에게(예수) 질문하고 있는 그게 바로 우리의 현실의 모습은 아닐런지요. 오~ 할렐루야!

184. 예수께서 가라사대 네가 그를 보았거니와 지금 너와 말하는 자가 그이니라 가로되 주여 내가 믿나이다 하고 절하는지라 예수께서 가라사대 내가 심판하러 이 세상에 왔으니 보지 못하는 자들은 보게 하고 보는 자들은 소경되게 하려 함이라 하시니(요 9:37-38).

- 사람이 아무리 미워도 인정할 것은 인정하는 것이 사람의 도리지요. 태어날 때부터 소경으로 태어났다면 그 이웃들도 다 아는 사실일 테지만, 바리새인들은 어찌하여 안식일에 눈을 뜨게 했냐는 둥 말도 안 되는 생트집으로 고침을 받은 소경과 그 아버지까지 불러서 고문 같은 질문으로 괴롭히며 자기들 주장만 옳다고 설치다니요. 오~ 할렐루야!

185. 누구든지 제 목숨을 구원코자 하면 잃을 것이요 누구든지 나를 위하여 제 목숨을 잃으면 찾으리라(마 16:25).

- 참으로 어려운 교훈이실진대, 누구든지 제 목숨을 구원하고자 하면 잃는다는 것은 그런대로 이해가 되는 대목이겠으나, 나를(인자) 위하여 목숨을 잃으면 찾는다고 하시니 이것을 어떻게 이해할 수 있으리요! 하지만 생각해 보면 "나"라는 것은 형상이 아닌 사람(육신)임과 동시에 예수님 육신 안에는(속사람) 아버지(성부)의 성령을 모신고로 아울러 천국도(마 3:2) 되시는지라, 그 인자로 오신 예수님을(그리스도) 영접해서 믿는 우리는 오늘도 예수님의 뒤를 따라가고 있는 참으로 복된 사람임에 틀림없지요. 아멘 할렐루야!

186. 인자가 아버지의 영광으로 그 천사들과 함께 오리니 그 때에 각 사람의 행한 대로 갚으리라 진실로 너희에게 이르노니 여기 섰는 사람 중에 죽기 전에 인자가 그 왕권을 가지고 오는 것을 볼 자들도 있느니라(마 16:27-28).

- 인자가(예수) 아버지의(성부) 영광으로 천사들과 함께 오신다고 했으며, 또 죽기 전에 왕권을 가지고 오는 것을 볼 자들이 있다고 하셨지요. 당시 제자에게만 한정된 말씀이라면 지금의 우리와는 상관이 없다는 말씀인가요? 대개는 예수님 사진을 걸어놓고 그 사진 속 인물이 다시 오실 줄로 굳게 믿고 있지만, 그 당시 예수님은 이미 하나님(롬 9:5) 보좌 우편에 계셔 세세토록 영광 받으실 하나님이시지요. 예수님을 어느 누가 계신 자리 보좌에서 다시 끌어 내릴 수 있을까요! 재차 말하지만 인자는 사람의 아들이며 우리가 보지 못했을 뿐이지, 시대에 따라 인자는(사람의 아들) 항상 우리와 함께 계신 것이 분명하지요. 할렐루야!

신부님

참고 참고 또 참아 참으면 평화롭고 참으면 기쁨 있나니 기약의 때가 이루기까지 입술을 꼬옥깨물고 눈을 감아 참는 것은 곧 승리가 되나니 인생을 위하여 참고 그날을 위하여 참아 인지위덕으로 만사를 꿀꺽 물마시듯 참고 또 참아 그리스도 예수의 그날까지…

第五十五券. 예수의 모친

187. 예수께서 무리에게 말씀하실 때에 그 모친과 동생들이 예수께 말하려고 밖에 섰더니 한 사람이 예수께 여짜오되 보소서 당신의 모친과 동생들이 당신께 말하려고 밖에 섰나이다 하니(마 12:46-47).

● 이 글을 읽는 당신들은 마리아가 과연 그 아들에게(예수) 무슨 말을 하려고 이곳까지(예배 장소) 찾아 왔다고 생각하시나요? 그 이유는 불행하게도 주위로부터 들리는 소문에 의하면 예수가 귀신이 들렸다고(마 11:18) 소동을 벌이니까 설마설마 하면서도 아들을 찾아가서 확인해 볼 작정으로 이곳에까지(예배 장소) 와서 아들을 (예수) 만나려다가 군중들 앞에서 아들에게 망신을 당하고 마는

것은 아닐런지요. 오~ 할렐루야!

188. 말하던 사람에게 대답하여 가라사대 누가 내 모친이며 내 동생들이냐 하시고(마 12:48).

● 사내를 모르는 동정녀의(숫처녀) 몸으로 성령을 받아서 아들을(예수) 낳은(마 1:21) 마리아(모친)마저 의심을 하는 판국이니 아울러 예수님의 마음도 역시 편치가 않았을 것이라는 짐작이 드네요. 할렐루야!

189. 그 형제들이 예수께 이르되 당신의 행하는 일을 제자들도 보게 여기를 떠나 유대로 가소서(요 7:3).

● 세상적으로 한 가정의 장자로서 동거동락 하는 형제자매지만, 동생들이 형을 인정하지 않고 비아냥거리는 것을 보게 됩니다. 그렇다면 그 동생들은 예수님의 행적을 전혀 몰랐을까요? 요즘 보통의 집안이라면 그 형을 자랑할 만도 한 일이건만! 맞을지는 모르지만 내 생각에는 형제라는 건 세상의 혈통이요 실제로는 영이 달랐기 때문은 아닐런지요? 사실 "영"적으로는 세상과 천국의 차이점이지요. 아멘!

🍀 성경 곳곳에 우리가 이해하지 못할 구절들이 기록돼 있을진대, 이 모든 것은 우리가 당해보질 않았을 뿐이지, 만약에 그 당시에 우리가 살았더라면 나는 그들보다 더 했을지도 모르는 일이지요. 그렇기에 예수님께서는

"보지 않고 믿는 자가 복이 있다고" 하신 것은 아닐런지요. 예수님의 동생들도 같은 부모 밑에서 같이 먹고 자랐는데 자기와 다를 게 뭐냐고 항변할 수 있는 요소는 충분히 있지만요. 할렐루야!

第五十六券. 양의 우리

190. 내가 진실로 진실로 너희에게 이르노니 양의 우리의 문으로 들어가지 아니하고 다른 데로 넘어가는 자는 절도며 강도요 문으로 들어가는 이가 양의 목자라(요 10:1-2).

● 양의 우리의 문으로 들어가라고 하셨는데, 양의 우리란 양들이 갇혀서 지내는 우리가 아니라 창세기에 여섯째 날에(창 1:26) 사람을 지으실 적에 "우리의 형상을 따라 우리의 모양대로 우리가 사람을 만들자"(창 1:6) 하신 우리를 가리킨 것입니다. 어린 양으로 오신 예수님이(그리스도) 우리의 문으로 들어가지 않고 율법과 세상 지식을 가지고 다된 것처럼 남을 판단하는 율법사에게 강도요 절도라고 하셨지요. 아멘!

191. 문지기는 그를 위하여 문을 열고 양은 그의 음성을 듣나니 그가 자기 양의 이름을 각각 불러 인도하여 내느니라(요 10:3).

● 사람이 키우는 양이라면 무슨 이름이 있어서 그 이름을 부를까

요? 문지기란 곧 목자(예수)를 뜻하는 것인데, 그는(예수) 자기 양의 이름을 아는 고로 그 이름을 부르면 듣고 마음 문을 열지요. 아멘 할렐루야!

192. 자기 양을 다 내어 놓은 후에 앞서 가면 양들이 그의 음성을 아는 고로 따라오되 타인의 음성은 알지 못하는 고로 타인을 따르지 아니하고 도리어 도망하느니라(요 10:4-5).

● 여기에서 우리가 분별해야 할 대목은 자기 주인인 목자의(예수) 음성을 얼마나 듣고 깨닫느냐가 관건인데, 말씀을 증거할 때에는 하나님의 음성으로 알고 따르지만, 그 반대로 잘못된 해설로(거짓) 사람의 영혼을 미혹하는 영도(미혹의 영) 세상에 있는데, 그들 역시 성경으로 열심히 가르치고 있기 때문이지요. 아멘!

193. 나보다 먼저 온 자는 다 절도요 강도니 양들이 듣지 아니하였느니라 내가 문이니 누구든지 나로 말미암아 들어가면 구원을 얻고 또는 들어가며 나오며 꼴을 얻으리라(요 10:8-9).

● 예수님보다 먼저 왔다고 했는데, 그렇다면 그 이전 선지자들은 누구일까요? 그 선지자들은 하나같이 메시아가(구세주) 오실 것을 예고했건만, 예고는 믿으면서 모세의 율법만 고집하다가 막상 인자로 오셨음에도 믿지 않고 배척하며 귀신의 왕이라며(마 9:34) 핍박하는 저들에게 하신 말씀이지요. 여기서 다시 강조하지만, 예수는 사람의 아들로(인자) 오신고로 사람의 행색보다(겉사람) 복음

의 말씀을(하나님) 듣고 영접해야 마땅하지요. 구원도 죽어서 구원과 살아서 구원(들림) 두 가지 길로 나뉘는데, 나도 구원(죽어구원)받았다고 좋아만 할 것이 아니라, 나는 과연 인자 음성을 영접하고 들어가며 나오며 꼴을(양식) 먹고 있나 자신부터 점검하는 계기로 삼읍시다. 할렐루야 아멘!

194. 삯군은 목자도 아니요 양도 제 양이 아니라 이리가 오는 것을 보면 양을 버리고 달아나나니 이리가 양을 늑탈하고 또 헤치느니라(요 10:12).

● 그러면 오늘의 삯군과(청지기) 목자를(주인) 무엇으로 분별할까요? 삯군은 일정한 보수를 받으며 정해진 일만 반복하므로 양들을 늑탈하고 헤치지만(요 10:12), 진정한 목자는(예수님) 양들의 생명(생기)을 살려주며, 무거운 짐을(십자가) 대신 지고 생사고락을 함께하시는 예수님(그리스도)을 두고 말씀하신 것이지요. 아멘!

第五十七券. 신

195. 유대인들이 대답하되 선한 일을 인하여 우리가 너를 돌로 치려는 것이 아니라 참람함을 인함이니 네가 사람이 되어 자칭 하나님이라 함이니라(요 10:33).

● 만약에 어떤 사람이 자칭 하나님이라고 말한다면 그는 돌을 맞아도 당연하겠지만, 돌로 치려는 그 예수가 바로 인생들의 세상 죄를 대속하기 위해 우리와 똑같은 육신으로 오신 것을 저들은 들을 귀와 알아볼 눈 영안이 없음으로 몰라보고 거역을 했지요. 오~ 할렐루야!

196. 예수께서 가라사대 너희 율법에 기록한바 내가 너희를 신이라 하였노라 하지 아니하였느냐 성경은 폐하지 못하나니 하나님의 말씀을 받은 사람들을 신이라 하셨거든(요 10:34-35).

● "神", 사람들은 신이라고 하면 우선 무엇부터 생각할까요? 대개 신(神)이라면 그림자도 흔적도 없고 보이지도 않는 신비스러운 존재로 여기지는 않는지요? 하지만 예수님은 하나님의 말씀을 받은 자를 신(神)이라 하셨으며(요 10:35) 성경은 폐하지 못한다고 아예 못을 박으셨지요. 아멘 할렐루야!

197. 내가 행하거든 나를 믿지 아니할지라도 그 일은 믿으라 그러면 너희가 아버지께서 내 안에 계시고 내가 아버지 안에 있음을 깨달아 알리라 하신대(요 10:38).

● 여기에서 우리가 주목해야 할 대목은 예수님의 말씀이 내가 하나님의 일을 하니까 너희도 하나님을 믿으라는 게 아니라 그저 나를 믿으라고 하셨는데, 모르긴 해도 오늘날 믿는 사람들도 예수 믿는다고 말은 곧잘 하면서, 속으로는 하나님을 진짜 믿고 있

는지 싶은 생각입니다. 중요한 것은 아버지가(성부) 내 안에(성자) 거하시고 내가 아버지 안에(성부) 거한다면 신이라고 하셨으니 그렇게 되면 내 안에서 아버지가 "나"라고 입을 열게 하시는 것이 분명한 사실이지요. 오~ 할렐루야!

第五十八券. 천국

198. 예수께서 그들 앞에 또 비유를 베풀어 가라사대 천국은 좋은 씨를 제 밭에 뿌린 사람과 같으니 사람들이 잘 때에 그 원수가 와서 곡식 가운데 가라지를 덧뿌리고 갔더니 (마 13:24-25).

● 마태복음 13장에서는 천국을 세 단계로 구분해서 비유로 말씀하셨는데, 먼저 제 밭에다 뿌린 좋은 씨 비유를 봅시다. 여기서 좋은 씨는 알겠는데, 제 밭이라면 어느 밭을 가리키는 것일까요? 그것은 바로 마음 밭(고전 3:9) 곧 자신이 지으신 속사람을 가리킨 것으로, 사람이 한눈을(두 마음) 팔 때 그 원수가(사탄) 와서 좋은 씨가(말씀) 있는 밭에(속사람) 가라지를(사탄) 덧뿌리고 갔으니 그렇게 되면 그 밭에는(속사람) 좋은 씨와(말씀) 가라지가(사탄) 함께(두 마음) 공생공존하면서 더불어 같이 산다는 뜻이지요. 아멘 할렐루야!

199. 집 주인의 종들이 와서 말하되 주여 밭에 좋은 씨를 심지 아니하였나이까 그러면 가라지가 어디서 생겼나이까(마 13:27).

- 서로 간에 마음이 맞아서 통할 때에는 상대방의 티나 흠은 전혀 눈에 보이지 않다가도 시간이 지나면서 속마음을 알게 되는 어느 땐가는 그 눈의 티가 보이기 마련이지요. 영문을 모르는 종들이 다 같은 밭에 좋은 씨를 뿌렸는데 그러면 가라지가 어째서 생겼느냐고 주인에게 질문하고 있지요. 그러나 그 가라지는(허물) 누구에게나 다 있게 마련이 아닌가요? 오~ 할렐루야!

200. 주인이 가로되 원수가 이렇게 하였구나 종들이 말하되 그러면 우리가 가서 이것을 뽑기를 원하시나이까 주인이 가로되 가만두어라 가라지를 뽑다가 곡식까지 뽑을까 염려하노라(마 13:28-29).

- 가라지를(허물) 심은 것은 원수(마귀)의 심술이 분명하지만, 설불리 가라지를 뽑겠다고 잘못 건드렸다가는 그의(마귀) 심기를 건드려 마침내 그 곡식까지(알곡) 실족시킬 수 있으니 알곡이 영글 때까지 그냥 두라는 매우 조심스러운 사랑의 메시지이지요. 할렐루야!

201. 또 비유를 베풀어 가라사대 천국은 마치 사람이 자기 밭에 갖다 심은 겨자씨 한 알 같으니(마 13:31).

- 여기 "자기 밭" 역시 마음 밭을(속사람) 가리킨 것으로, 일상생활에서 좋고 나쁜 일이 생길 때마다 그것이 다 마음 판에 새겨지며, 그것을 간직하든지 털어버리든지 간에 좀처럼 깨끗하게 지워지지 않는 사실을 우리는 알지요. 할렐루야!

202. 이는 모든 씨보다 작은 것이로되 자란 후에는 나물보다 커서 나무가 되매 공중의 새들이 와서 그 가지에 깃들이느니라(마 13:32).

● 아무리 작다 할지라도 말씀이기도(하나님) 한 생명(씨)만 있으면 자라나게 마련이지요. 자라서 가지와 잎이 무성하면 공중의 새들(신령) 곧 믿는 자들의 마음의 휴식처가 된다는 뜻으로 어찌 생각하면 겨자씨의 작은 것 곧 작다는 것에 초점을 맞출 수도 있겠습니다. 그러나 그보다는 아무리 작더라도 그 속에는 생명이(말씀) 살아 있다는 것을 깨달아 명심해야 하겠지요. 할렐루야!

203. 또 비유로 말씀 하시되 천국은 마치 여자가 가루 서말 속에 갖다 넣어 전부 부풀게 한 누룩과 같으니라(마 13:33).

● 성경에 "가루"라는 단어가 몇 군데 나오는데, 무르익은 열매로 결실하여 고운 가루로 변하려면 겉껍질과 속껍질을 벗겨내야 하지요. 또 방아나 절구나 맷돌에 들어가서 그야말로 온갖 환난과 고통을 겪어야 비로소 고운 가루가 되는 게 순서입니다. 만일 그 가루 속에다 누룩을(전도) 넣는다면 그야말로 몇 배로 부푸는 것 같이 예수님의 복음도(천국) 이와 같이 널리 전파된다는 깊은 뜻이 담겨져 있지요. 할렐루야!

🍀 성경은 어디까지나 비유의(마 13:34) 말씀으로 이뤄졌으며, 믿는 사람들도 저 가루 비유와 같이 주인이 빵을 만들거나 국수를 뽑거나 주인에게 온전히 내맡길 수만 있다면 얼마나 좋겠습니까? 그러나 곡물이 가루가 되기

까지의 겪은 고난과 환란을 사람으로 친다면 그야말로 자기를 부인하고 온전히 주님께 맡길 사람이 과연 몇이나 될런지요! 그럼에도 예수님께서는 우리에게 바로 그것을 본받으라시며, 우리 신앙인도 참 누룩이 되어 하나님의 복음의 말씀을 온 천하에 전파해야 될 것이 아닌가요. 아멘 할렐루야!

204. 예수께서 이 모든 것을 무리에게 비유로 말씀하시고 비유가 아니면 아무것도 말씀하지 아니하셨으니(마 13:34).

- 성경 모든 말씀은 다 비유로 이뤄졌기로 그 유명하다는 신학박사라도 세상 지식으로는 절대로 풀 수가 없다는 사실을 깨달아야 할진대, 그럼에도 자기의 해박한 지식을 바탕으로 풀다가 잘못된 해설(거짓)로 바뀌는 것은 매우 안타까운 노릇이지요. 아멘!

205. 이는 선지자로 말씀하신바 내가 입을 열어 비유로 말하고 창세부터 감추인 것들을 드러내리라 함을 이루려 하심이니라(마 13:35).

- 성경은 신약과 구약이 한 권의 책으로 엮여졌는데 저들은 구약과 신약을 별개로 생각하는 사람이 더러 있다는 말을 들었는데, 하지만 그것은 어디까지나 잘못된 생각으로 하나님은 한 분이신 것과 같이 성경(말씀) 역시 하나요, 한 끈으로(속옷) 짜여져 있는 것이 사실이지요. 그 고리를(끈) 인자가 창세로부터 요한계시록까지 하나하나 인봉된 것을 풀어서 정리하여 하나님을 믿는 사람에게 일일이 알려주시지만 깨닫지를 못하고 비방하는 자들이 있다는 것은 참으로 답답하고 개탄할 노릇입니다. 아멘!

206. 천국은 마치 밭에 감추인 보화와 같으니 사람이 이를 발견한 후 숨겨두고 기뻐하여 돌아가서 자기의 소유를 다 팔아 그 밭을 샀느니라(마 13:44).

● 성경 말씀은 대개 한 번으로 끝을 맺지 않고 중복되는 대목이 많이 발생하는데, 특히 천국에 대한 비유가 여러 곳에 나오지만, 그 뜻이 워낙 다양하기 때문에 본문대로라면 천국을 발견한 사람은 양심불량이라고 할 수도 있겠으나, 밭에(속사람) 감추인 보화라고 (말씀) 한 것은 세상에서도 보화는 값지고 귀한 것일진대, 하필이면 왜 금고나 비밀한 곳이 아닌 밭에다 감추었을까 하는 생각이 듭니다. 이는 하나님의 말씀은 워낙 신비해서(생명) 보화로 비유했는데, 그 생명의 말씀이 바로 사람(속사람) 속에 임재 하신다는 사실을 깨닫고는, 그 사람이 보화를(말씀) 자기 마음 밭에(속사람) 있는 각종 짐승의 요소 곧 시기, 질투, 미움, 원망, 짜증, 등등 각종 악한 생각들을 내쫓고(팔아) 보화의(말씀) 밭을(천국) 소유한다(감춤)는 뜻이 담겼다 하겠지요. 그렇다고 아직까지 연약한(초보) 심령을 건드렸다가는 역효과를 낼 수 있으므로 숨겨둔다는 표현이 적절하지요! 오~ 할렐루야!

207. 또 천국은 마치 좋은 진주를 구하는 장사와 같으니(마 13:45).

● 귀한 보석 중 제일 귀중한 것이 보화라면 두 번째로는 진주지요. 그 천국을 삼 단계로 구분한다면 첫 번째는 보화요, 두 번째는 진주요, 세 번째로 물고기에다 비유를 하셨는데, 천국을 진주를

구하는 장사꾼에다 비유하신 뜻을 생각해 본다면 우리는 천국을 소유하기 위하여 시간과 물질을 마다하며 말씀이 있는 곳이라면 어느 곳 어느 장소건 찾아다니는 것이 흡사 장사꾼과 같다는 생각을 한번쯤 해보셨는지요? 영적으로 본다면 인생은 누구나 다 자기 행위의 대가를 바라고 살아가는 장사꾼에 불과하지요. 할렐루야!

208. 극히 값진 진주하나를 만나매 가서 자기의 소유를 다 팔아 그 진주를 샀느니라(마 13:46).

● 여기서도 소유를 팔았다는데, 예를 들어 밥 먹던 그릇에다 물을 마시려면 그릇을 싹 비워야 물을 떠먹을 수 있는 것 같이, 마음을(그릇) 비우지 않고는 다른 것 곧 보화나 진주(말씀)를 담을 수 없기에 지금까지 담고 살던 세상 것들을 단번에 팔아 속을 비운다는 것이 쉬운 일은 아니겠지만, 소유를 비우지 않고는 천국을 내 것으로 소유할 수 없다는 사실을 명심하고 보이는 세상 물질로부터 해방됩시다. 아멘!

209. 또 천국은 마치 바다에 치고 각종 물고기를 모으는 그물과 같으니 (마 13:47).

● 세 번째로 천국을 물고기를 잡는 그물에다 비유하셨는데, 바다에는(세상) 참으로 다양하고 많은 종류의 물고기들이 살아가는데, 물고기의 특성은 무엇일까요? 물고기는 더러운 물 곧 오염된 물

에서는 생명을 유지할 수 없기에 맑은 물을 찾아서 위로 헤엄칩니다. 하나님을 믿는 신앙인 역시 세상의 타락하고 오염된 썩어질(물질) 물질을 탐하면 천국을 소유할 수 없기에 위를(천국) 향해 가고 있지요. 아멘!

210. 그물에 가득하매 물 가로 끌어내고 앉아서 좋은 것은 그릇에 담고 못된 것은 내어 버리느니라(마 13:48).

● 대개 천국이라면 "구원" 하나로만 알고 열심히 신앙생활을 하는데, 그것은 성경을 잘 모르는 탓이며 요즘 세상 실정을 볼 것 같으면 자신이 다니고 있는 교회의 교인 숫자의 많고 적음에다 역점을 두고 서로 키 재기 놀음을 하는 게 아닌가 싶은데, 그것도 중요한 일이겠으나 그물에(교회) 걸렸어도 거기서 다시 좋은 것과 못된 것을(마 13:18) 구별하는 것이 천국이지요. 이렇게 해서 천국도 삼 단계로 존재한다는 이 사실을 깨달아야 하겠습니다. 또한 이 물고기 신앙은 믿음이 약해서 혼자서는 설 수 없고, 독자적으로 살아남기 힘들므로 목회자와 신도 양쪽이 합심해서 끌고 당기며 믿음을 키워나가는 것 아닐런지요. 할렐루야!

♣ 이 대목에서 우리가 명심해야 할 것은 예수님의 제자 중 어부 출신이 여럿 있으며, 예수님의 수제자 베드로 역시 어부 출신으로 예수님이 그에게 "네가 앞으로 사람을 낚는 어부가 되리라"(막 1:17)라는 말씀과 같이 그의 물고기 잡는 광경도 반복해 나오는 것을 연결을 짓는다면 이해가 빠르겠지요. 할렐루야!

第五十九券. 마르다와 마리아

211. 예수께서 와서 보시니 나사로가 무덤에 있은 지 이미 나흘이라… 마르다는 예수 오신다는 말을 듣고 곧 나가 맞되 마리아는 집에 앉았더라(요 11:17, 20).

- 예수님께 사랑을 받는 자 나사로와 마르다와 마리아 삼남매 중에 오라비 나사로가 죽어서 이미 장사 지낸 지 나흘이나 지나서야 찾아오시니 나사로의 누이들이 진작에 오시지 않은 예수님을 원망하기에 이르렀습니다. 그나마 마르다는 나가서 영접이나 했지만, 동생 마리아는 토라져서 주님을 내다보지도 않았으니(요 11:20), 누가 일찍이 사람을 두고 감정의 동물이라고 했던가요! 사람이라면 어느 누구에게나 다 서운한 감정은 있기 마련인가 보네요. 할렐루야!

212. 마르다가 예수께 여짜오되 주께서 여기 계셨더면 내 오라비가 죽지 아니하였겠나이다 그러나 나는 이제라도 주께서 무엇이든지 하나님께 구하시는 것을 하나님이 주실 줄을 아나이다(요 11:21-22).

- 마르다는 오라비가 병들었을 당시에 예수님께서 옆에만 계셔 주셨더라도 죽지는 않았을 것이라는 놀라운 믿음을 가졌으나 오라비는 이미 죽었으니 이제라도 예수님께서 무엇이든지 하여 주실 (내세) 것을 믿고 예수님께 간구하는 대목이지요. 아멘!

213. 예수께서 가라사대 네 오라비가 다시 살리라 마르다가 가로되 마지막 날 부활에는 다시 살 줄을 내가 아나이다(요 11:23-24).

● 예수님이 오신 것은 죽은 나사로를 살리는 것이 목적이었으므로 마르다에게 오라비가 다시 살 것을 미리 말씀하셨지만, 마르다는 오라비는(나사로) 이미 죽은 관계로 마지막 부활 때에나 살아날 줄로 믿었지요. 그렇다면 이 대목을 읽는 자 중에서 나는 마르다의 신앙보다 결코 앞선다고 자신할 사람이 과연 누구일런지요. 아멘 할렐루야!

214. 예수께서 가라사대 나는 부활이요 생명이니 나를 믿는 자는 죽어도 살겠고(요 11:25).

● 겉으로는 예수님을 잘 믿고 따르는 마르다였지만, 어찌 보면 대답하는 것이 동문서답 하는 것과도 흡사한데, 하지만 예수님은 나를(인자) 믿으면 죽은(생기) 자가 다시 살아나며, 생기가 돌아와서 살아날 것이라고 말씀하시는, 곧 죽어서 구원받는 게 아니라 지금 살고 있는 이 세상에서 부활하여 다시 살아나서 주님과 함께 영원히 살 것을 말씀으로 예고하여 주시는 장이지요. 아멘 할렐루야!

215. 가로되 주여 그러하외다 주는 그리스도시요 세상에 오시는 하나님의 아들이신줄 내가 믿나이다 이 말을 하고 돌아가서 가만히 그 형제 마리아를 불러 말하되 선생님이 오셔서 너를 부르신다 하니 (요 11:27-28).

● 대개 세상 사람들은 누구와 무슨 교제를 하다 보면 말도 채 끝나기 전에 나도 안다며 앞에 나서는 사람을 가끔 보는데, 마르다는 예수님의 하시는 무슨 말씀이건 잘도 깨달아 알아듣지만, 모든 것이 다 이 땅에서(세상) 이루어진다는 한 가지 사실은 모르는 것 같네요. 그런 와중에 집에 있는 동생 마리아에게 가서 주님이 너를 부르신다고 불러내는데, 우리가 알아야 할 중요한 사실은 예수님은 어느 누구를 찾아오셨건 간에 그가 영접하여 모시기 전에는 먼저 들어가시지 않는다는 사실이지요. 할렐루야!

第六十券. 무덤

216. 예수께서 가라사대 돌을 옮겨 놓으라 하시니 그 죽은 자의 누이 마르다가 가로되 주여 죽은 지가 나흘이 되었으매 벌써 냄새가 나나이다(요 11:39).

● 이 대목은 문장대로 풀기보다는 역시 비유를 영적으로 해석해야 이해가 되겠지요. 여기서 돌은(말씀) 말씀을 가리켰고, 그 장례에 참석했던 이웃들의 돌을(말씀) 죽어 구원의 자리에서(위치) 빛이신 (생명) 그리스도(예수님)에게로 옮겨 놓는다는 깊은 뜻으로도 해석이 되지요. 아멘 할렐루야!

217. 항상 내 말을 들으시는 줄 내가 알았나이다 그러나 이 말씀 하

옵는 것은 둘러선 무리를 위함이니 곧 아버지께서 나를 보내신 것을 저희로 믿게 하려 함이니이다(요 11:42).

● 가령 어느 한 사람의 기도라 할지라도 예수님의 방금 올리신 기도만큼 믿음이 있다면, 그는 세상에 이루지 못할 것이 없을 텐데 항상 내 수준에서 맴도는 것이 아쉽지요. 예수님이 무슨 죄가 있어서 바리새인의 핍박을 받으시며 기도 드렸을까마는 독사의(뱀) 자식인 인간의 죄를 구속하기 위해서 기적과 이적을 보이시며 죽은(생기) 자들을 살리기 위한 기도를 손수 올리고 계시지요. 오~ 할렐루야!

218. 죽은 자가 수족을 베로 동인 채로 나오는데 그 얼굴은 수건에 싸였더라 예수께서 가라사대 풀어 놓아 다니게 하라 하시니라(요 11:44).

● 예수님께서 큰 소리로 나사로를 부르셨다는 것은 그만큼 자신감이 넘쳤다는 뜻이겠지요. 이 사건을 세상적으로 해석한다면 수족을 베로 동였다고 했는데, 어찌 걸어서 나올 수가 있었을까요? 그리고 또 얼굴이 수건에(율법) 싸였다고 했는데, 그 수건은 율법을 의미하는 것이지요. 율법만으로는 이 땅에서(세상) 인자를(그리스도) 영접할 수가 없는 관계로 십자가상에서(죽음) "다 이루었도다" 하신 사람(인자) 예수님께서(그리스도) 율법을(수건) 다 완성하시고 죽은 지 나흘이니 되는 나사로를 큰 소리로 불러서 살려(부활) 주셨다는 깊은 뜻이 담겨져 있지요. 오~ 할렐루야!

질그릇의 노래

고운 얼굴 단장하고 손님상에 올라앉은 미끈한 본차이나 부럽지는 않았어요 날마다 당신 손때로 옷 입으며 사는 걸요…

무심한 그 손길에 시나브로 금이 가도 흘리시는 눈물마저 내 몸 안에 스미기를 질박한 꿈 하나 담고 부대끼며 사는 걸요…

치유 못한 상처로 내 삶이 깨어지든 가꾸시는 화단가에 맘 한자락 깔아줘요 흙 한 줌 눈비에 말아 민들레 꽃 피울래요…

가시채를 떨치려고 뒷발 들어 헛발질만 영안 없인 볼 수 없는 만세 영원 다윗 등불 해보다도 밝은 빛에 오정 때에 엎드려져 내가 내가 장님이요 소경인 줄 왜 몰랐나

배 고프면 밥 달라고 목 마르면 물 달라고 어눌하고 둔한 입술 어서 속히 깨달고서 주님 앞에 주절주절 말의 금식 입술 단속 복부에서 솟아나는 영생수를 부탁 드려.

귀도 있고 눈도 있고 말하는 입 가졌으나 영의 세계 알 길 없어 그 나라와 의도 몰라 세상 것을 하늘 양식 만나보다 앞세우며 배를 위한 돼지 근성 주님 만나 사람 됐네.

보았어요 만졌어요 육신으로 오신 주님 탕자 생활 청산하고 인자 손에 이끌린 몸 유다 지파 다윗 뿌리 믿음으로 약속 받아 할렐루야 감사 찬양 우리 주님 만세 영광.

흑암 중에 떨어진 자 혼돈 속을 헤매일 때 들려오는 양각나팔 귀때기론 들었으나 영의 귀가 안 열려서 뜻도 몰라 때도 몰라 앞산 보고 손가락질 내가 바로 귀머거리.

第六十一券. 세상 끝(종말)

219. 세상 끝에도 이러하리라 천사들이 와서 의인 중에서 악인을 갈라 내어 풀무 불에 던져 넣으리니 거기서 울며 이를 갊이 있으리라 (마 13:49).

- 세상의 끝은(종말) 아무도 모르며 아들도(인자) 모르고 오직 하늘의 아버지만이 아신다고 하셨지요. 인간들은 하나님을 얘기하면 설마설마 하며 반신반의하다가 화를 당하기 일쑤인데, 내세를 생각하면 끔찍한 일이 아닐 수 없지요. 세상에 살 때는 그래도 잘못된 것을 바로 잡을 수도 있고 용서를 구할 수도 있으련만, 만약 이제라도 덫과 같은 그 한 날이 덮친다면 그때는 다시 살 수도, 죽을 수도 없으며 오직 영생뿐인데, 낙원으로 갔다면 그야말로 천만다행이지만 만약에 풀무 불에 떨어졌다면 그 처지가 얼마나 비참할까요? 스스로 고민해야 할 숙제지요. 할렐루야!

220. 예수께서 가라사대 그러므로 천국의 제자 된 서기관마다 마치 새 것과 옛것을 그 곳간에서 내어오는 집주인과 같으니라(마 13:52).

- 성경에 바리새인이나 서기관들이 많이 등장하는데, 본문에는 서기관에게 천국의 제자 된 서기관이라고 부르신 것을 본다면 바리새인의 서기관이 따로 있고, 인자(사람의 아들) 세계의 제자 중에 서기관이 다르다는 것을 알 수 있지요. 천국의 제자 된 서기관은

새것과 옛것을 곳간에서 내어오는 주인과 같다고 하셨으니 인자의 말씀과(새것) 묵은 율법을(옛것) 구별하여 상벌이 주어지는 것이 아닌가 싶네요. 할렐루야!

第六十二券. 고향

221. 고향으로 돌아가사 저희 회당에서 가르치시니 저희가 놀라 가로되 이 사람의 이 지혜와 이런 능력이 어디서 났느뇨(마 13:54).

● 사람이라면 남녀노유를 불문하고 누구나 고향이 있다는 것은 정한 이치지요. 그 고향은 항상 그립고 옛 정취가 물씬 풍기는 곳이기도 하지만, 또 다른 한편으로 생각하면 상대방의 흉허물도 모두 드러나는 곳이기도 하지요. 다시 말해서 좋은 점과 나쁜 점이 서로 교차하는데, 예수님도 예외는 아니어서 그의 지혜와 능력은 놀랍지만, 출신을 생각하면 별 볼 일 없는 자기들과 똑같은 처지라 별로 환영을 못 받는 것이 아닌가 하는 생각이 드네요. 오~ 할렐루야!

222. 이는 그 목수의 아들이 아니냐 그 모친은 마리아, 그 형제들은 야고보, 요셉, 시몬, 유다라 하지 않느냐(마 13:55).

● 그 시대나 요즘이나 목수라는 직업은 무식하고 가난한 사람들이

나 하는 직업으로 인식되는데, 예수라는(사람의 아들) 이름은 엄연히 존재하지만, 그 이름을 부르지 않고 목수의 아들이라고 표현하는 것부터가 비하하는 것으로, 따지고 보면 예수님의 남동생과 누이들의 이름까지도 다 아는 그들 곧 예수님의 고향인 한 동네(나사렛) 이웃들이었다는 뜻이지요. 내가 만약에 그 자리에 동참했을지라도 그 당시 비난받던 그를(예수) 인정하기란 쉽지가 않았을 것이라는 생각도 드네요. 아멘 할렐루야!

223. 예수를 배척한지라 예수께서 저희에게 말씀하시되 선지자가 자기 고향과 자기 집 외에서는 존경을 받지 않음이 없느니라 하시고 (마 13:57).

● 그리하여 그 사람들이 예수를 무시하고 배척하기에 이르렀는데, 그들은 그렇다 치고 그 예수님의 심정은 오죽이나 참담하셨을까요! 낯선 사람도 아니고 한때 고운 정 미운 정도 함께 나누던 이웃사촌들이었을진대, 그들에게 천국 복음을 전하여 한 사람이라도 더 구원시키고 싶은 심정이었을 테지만, 정작 당사자들이 받아들이지를 않고 배척하니 별도리가 없는 노릇 아닐까요. 할렐루야 아멘!

224. 저희의 믿지 않음을 인하여 거기서 많은 능력을 행치 아니하시니라(마 13:58).

● 제아무리 죽을병을 고쳐줄 명약이라 할지라도 당사자가(환자) 믿

고 먹어야 효력이 있는 것이지요. 환자가 불신하고 그 약을 먹지 않는다면 그 약은 쓸모가 없어서 버려지는 것과 같이, 예수님도 죽은 자를 살려주는 능력을 지녔음에도, 자기 고향 사람들의 박대로 인하여 능력을 행하지 않으셨다고 하니 우리도 이 안타까운 사실을 깊이 반성해 볼 문제가 아닌가 하는 참으로 어이없는 현실이지요. 오~ 할렐루야!

第六十三券. 순교

225. 헤롯이 요한을 죽이려 하되 민중이 저를 선지자로 여기므로 민중을 두려워하더니(마 14:5).

- 몸에 좋은 약이 입에는 쓰다고 했듯이, 헤롯도 세례 요한이 왕인 자기에게 감히 충고한(마 14:4) 것에 자존심이 상하여 눈엣가시 같고 껄끄러워 세례 요한을 죽이려고 했으나 민중들은 그를 선지자로 믿고 감싸는 바람에 시행하지 못하고 기회를 찾고 있지요. 아멘.

226. 마침 헤롯의 생일을 당하여 헤로디아의 딸이 연석 가운데서 춤을 추어 헤롯을 기쁘게 하니 헤롯이 맹세로 그에게 무엇이든지 달라는 대로 주겠다 허락하거늘(마 14:6-7).

- 무슨 일이든 계기가 있기 마련인데, 헤롯은 동생의 아내였던(마

14:3) 헤로디아를 빼앗고 기쁜 나머지 자기 생일날에 헤로디아의 딸이 축하하는 춤에 흡족해서 그에게 무엇이든지 주겠다는 약속을 하고 말지요. 어찌 보면 그때나 지금이나 무슨 잔치나 행사장 같은 특별한 날에는 여자가 꼭 끼인다는 것이 관례인지 모르겠으나 그런 관례는 세계 어느 나라 곧 선진국이나 후진국을 막론하고 대부분의 나라가 마찬가지가 아닌가 하는 생각이네요. 아멘. 할렐루야!

227. 그가 제 어미의 시킴을 듣고 가로되 세례 요한의 머리를 소반에 담아 여기서 내게 주소서 하니(마 14:8).

● 속담에 이르기를 "여자가 저주를 하게 되면 오뉴월에도 눈이 온다"고 했던가! 헤로디아의 무서운 저주에 헤롯은 눈엣가시였던 세례 요한을 백성이 두려워서 죽이지 못하던 참에, 헤롯의 아내 헤로디아 그는 서슴없이 세례 요한의 목을 잘라서 소반에 담아서 달라는 것이 아닌가! 오~ 할렐루야!

228. 그 머리를 소반에 담아다가 그 여아에게 주니 그가 제 어미에게 가져 가니라(마 14:11).

● 한 번 한 약속은 그것이 옳든 그르든 지켜야 자신의 위신과 상대방의 신뢰를 챙길 수 있으므로 헤롯은 평소에 세례 요한을 미워했으면서도 백성이 두려워서 주저하다가 한 번의 약속 때문에 결국 요한을 죽음으로 내몰았지요. 이 사건은 순교자의 대표격인

"여자가 낳은 자 중에 세례 요한보다 큰 이가 없다"(마 11:11)라고 하신 그 요한이 순교의 길을 열어놓는 안타까운 순간이기도 하지요. 할렐루야!

第六十四券. 오병이어

229. 저녁이 되매 제자들이 나아와 가로되 이곳은 빈 들이요 때가 이미 저물었으니 무리를 보내어 마을에 들어가 먹을 것을 사먹게 하소서(마 14:15).

● 그 당시는 지금같이 통신이나 교통수단이 발달되지 않았건만, 수많은 사람들이 예수님을 따라다닌 것을 보면 놀라운 일이지요. 또 날이 저물어 제자들이 많은 사람들의 먹을거리를 염려하는 것은 지극히 당연하고 바람직한 일 아닐까요? 아멘!

230. 제자들이 가로되 여기 우리에게 있는 것은 떡 다섯 개와 물고기 두 마리뿐이니이다(마 14:17).

● 예수님께서 이 모든 것을 진즉 예비하신 기적인지 나로서는 알 수 없으나 영문을 모르는 제자들로서는 어리둥절했을 만도 한 노릇이지요. 자기들에게 있는 것이라고는 달랑 보리떡 두 개와 물고기 다섯 마리(요 6:9)가 전부라는 사실을 알고 있기에 더욱 어

리둥절하고 황당한 일이었겠지요. 할렐루야 아멘!

231. 무리를 명하여 잔디 위에 앉히시고 떡 다섯 개와 물고기 두 마리를 가지사 하늘을 우러러 축사하시고 떡을 떼어 제자들에게 주시매 제자들이 무리에게 주니(마 14:19).

- 사람의 세상적 상식으로는 상상치도 못할 작은 떡 다섯 개와 물고기 두 마리를 가지고 여자와 아이를 제외한 오천 명에게 먹였다고 하셨는데, 그 베푸신 권능이 문제이지 사람의 숫자야 그 몇 배인들 못 하셨을까요? 사람의 숫자도 엄청나지만, 그보다도 열두 바구니에 들어간(추수) 조각에 더 중점을 둬야 할 대목입니다(구원). 한 알의 밀알로(주님) 오신 예수님도 그 몸이 부스러져서(죽음) 조각이(구원) 되기 위해 죽으신 후에 부활하신 것같이 우리 예수를 믿는 신앙인도(인자) 자기를 부인하지(가루) 않고는 구원을 받을 수가 없다는 사실을 깨달아야 하지 않을까요? 오~ 할렐루야!

232. 먹은 사람은 여자와 아이 외에 오천 명이나 되었더라(마 14:21).

- 그 기적의 자리에 모인 사람들이 정확히 오천 명인지는 알 수 없으나 오천 명의 "다섯"이란 숫자는 세상에서도 "오" 곡이니 또는 "오복"이란 말로 통하듯이 그 "5"라는 숫자의 비유는 은혜를 뜻하는 숫자인지라, 그곳에 모인 무리 모두가 은혜로운(성령) 만찬을 먹었다는 뜻이겠지요. 누구나 하나님을 믿으면 우선 은혜를 받은

후에 성령을 받게 되지요. 아멘!

第六十五券. 칠병이어

233. 예수께서 제자들을 불러 가라사대 내가 무리를 불쌍히 여기노라 저희가 나와 함께 있은 지 이미 사흘이매 먹을 것이 없도다 길에서 기진할까 하여 굶겨 보내지 못하겠노라(마 15:32).

- 이번에는 오병이어의 짝이라 할 수 있는 칠병이어인데, 언제인가 해설집을 곁들인 성경책을 구입해서 그 해석을 읽어보니 오병이어를(떡 다섯과 물고기 두 마리) 베푸신 예수님의 능력이 떨어져서 떡 일곱 개로 사천 명밖에 못 먹였다는 참으로 어처구니가 없는 해설(거짓)을 써두었습니다. 차라리 모르면 쓰지 말았어야지 하나님이기도 하신(요 1:1) 성경 말씀을 처음부터 끝까지 밝히 아는 자가 어디에 있을까마는, 주의 깊게 살펴보면 오병이어에서는 거기 모인 사람들을 제자들이 예수님에게 염려했지만, 여기에서는 예수께서 직접 염려하신 것이 다르지요. 오~ 할렐루야!

234. 예수께서 가라사대 너희에게 떡이 몇 개나 있느냐 가로되 일곱 개와 작은 생선 두어 마리가 있나이다 하거늘(마 15:33).

- 어떤 사람은 잘 믿는다고 자신만만하다가도 막상 어려운 일이 찾

아오면 낭패하는 것같이, 예수님과 동행하는 제자들이기에, 예수님의 기적과 이적을 체험했음에도 불구하고 예수님으로부터 이런 질문을 받았을 때에는 퍽이나 난감했을 것 같습니다. 떡이 일곱 개 곧 "7"이라는 숫자가 나오는데. 7은 하나님이 천지창조를 육 일 동안 하시고 마치신 후에 일곱째 날에 안식하신 곧 완전수를 가리키는 숫자지요 오병이어에서는 물고기였으나 칠병이어에서는 작은 생선일진대, 물고기는 얕은 냇물에서 헤엄치지만, 반대로 생선은 작든 크든 간에 다 깊은 바다에서 헤엄치며 살아가는 것이 바로 생선이 아니던가요. 오~ 할렐루야!

235. 떡 일곱 개와 그 생선을 가지사 축사하시고 떼어 제자들에게 주시니 제자들이 무리에게 주매(마 15:36).

● 오병이어에서는 무리를 잔디 위에 앉혔으나, 칠병이어에서는 잔디가 아닌 맨땅에 앉게 하고 축사하신 후 그 떡을 제자들로 하여금 나눠주게 하신 것을 볼 수가 있지요. 아멘 할렐루야!

236. 다 배불리 먹고 남은 조각을 일곱 광주리에 차게 거두었으며 먹은 자는 여자와 아이 외에 사천 명이었더라(마 15:37-38).

● 그러면 여기서 오병이어와 칠병이어의 차이점부터 비교해 보기로 합시다. 우선 오병이어가 믿음 단계라면, 칠병이어는 사랑 단계로 비유가 되겠지요. 믿음 단계에서는 사람들을 잔디 위에 앉혀서 휴식을 취해가며 은혜를 받고 열두 바구니가(구원) 차게 들어갔

는데(마 14:18), 그 바구니는 우리의 농가에서 농사지을 때 씨앗을 뿌리기 위해 사용하는 그릇(기구) 곧 바구니지만, 칠병이어에서는 광야 곧 세상의 맨땅에(흙) 앉았다고 했으니 집을 건축할 때나 농사를 지을 때나 그 땅을 갈아엎거나 파거나 해서 그 땅을 다스려야 하는, 그 맨 땅에 앉아서 깊은 바다의 생선을(깊은 말씀) 받아먹고 일곱 광주리에(구원) 들어갔다는 것은 역시 광주리는 알곡을 추수하여 거두는 그릇이 바로 광주리일진대, 그리고 숫자도 4천의 "4"는 죽음을 의미하는 숫자로서 자기 십자가를 지고 "죽으면 죽으리라"(에 4:16)는 각오로 조각 곧 부스러기가 되어서 마침내는 광주리에(추수) 들어간다는 아주 뜻 깊고 은혜스러운 대목이지요. 할렐루야 아멘!

第六十六券. 바람

237. 밤 사경에 예수께서 바다 위로 걸어서 제자들에게 오시니 제자들이 그 바다 위로 걸어오심을 보고 놀라 유령이라 하며 무서워하여 소리지르거늘(마 14:25-26).

● 그 당시야 물론 저 바다 위를 직접 걸으셨겠지만, 비유를 들자면 바다는(세상) 세상을 뜻하지요. 바다나 이 세상이나 항상 바람(환란)이 일고 풍랑은(세상) 바람 잘 날이 없지요. 하지만 만유의 주재이신 예수님은(그리스도) 바람에게라도 잠잠하라고 꾸짖어 주관

하시며 물(은혜) 위를 걸어 다니기도(마 14:25) 하시지만, 나약한 인간들에게 바다의 풍랑이란 역시 무섭고 두려운 대상의 존재입니다. 하지만 믿는 우리에게는 두려워 말라고 말씀하시는 예수님의 말씀 따라 순종하며 감당하며 감사자로 살아가야 하겠지요. 할렐루야!

238. 오라 하시니 베드로가 배에서 내려 물 위로 걸어서 예수께로 가되 바람을 보고 무서워 빠져 가는지라 소리 질러 가로되 주여 나를 구원하소서 하니(마 14:29-30).

- 베드로가 어부 시절에 그물로 고기를 잡을 때 예수님을 보고 누구신지 모르는 상태(눅 5:5)에서 순종은 하였으나 그물이 찢어졌지요. 여기서는 예수님에게 만일 주시어든 나를 명하사 오라 하소서 했는데 바람을 보고 무서워서 바다에(세상) 빠졌다는 그 모습만 해도 예수님을 알기는 했지만, 믿음이 초보인(전반기) 관계로 약했다는 사실을 알 수 있습니다. 또한 베드로가 바다에 빠졌다는 대목을 보면 물에 빠질 때에는 물보라와 함께 순식간에 빠지는 게 상례건만, 베드로는 바람이 무서워서 바다에 "빠져 가는지라" 한 것은 역시 눈에 보이는 저 바다가 아닌 세상 속으로 빠지는 것이 두려워서 예수님에게 간구하는 그 기도가 아닐런지요? 오~ 할렐루야!

239. 예수께서 즉시 손을 내밀어 저를 붙잡으시며 가라사대 믿음이 적은 자여 왜 의심하였느냐 하시고(마 14:31).

- 만 왕의 왕이시오 만 주의 주님이신 예수님은 제자가 됐거나 어느 누구라 할지라도 인자를(사람의 아들) 믿고 구원을 요청해 온다면 가리지 않고 손을 내밀어 잡고 구원해 주신다는 사실을 깨달아 알아야 하겠으며. 그러므로 "믿음이 적은 자여"라는 말씀을 듣지 않도록 깊은 곳이거나 먼 곳이거나 그 어디에서나, 짐을 실어 나르는 저 배와(이동 수단) 같은 우리의 존재 곧 개체에(속사람) 주님을 영접하여 모시고 항상 동행한다면 그보다 더 큰 축복은 세상에 없을 것이라는 믿음으로 기도드리는 바입니다. 아멘 할렐루야!

맺음말

"누가 어디에 이르기를 인생길을 삼 일 길이라고 말했던가?" 맞는 말이지요. "사람이 한번 태어나면 유년 시절과 장년 시절과 노년 시절의 삼 일 길을 걸어가는 게 바로 인생사일진대" 그 길이 고단하든지, 또는 수월하든지, 누구를 막론하고 어둡고 침침한 터널을 통과해야 하는 것이 세상 이치겠지요. 그 가는 길목에서 누군가에게 전도가 됐거나, 스스로의 판단으로 새로운 구원의 삼 단계 길에 도전하게 되지요. 그 길은 녹록지 않은 믿음의 길과, 소망의 길과, 사랑의 길입니다. 곧 삼거리 길에 들어섰다면 내 의지와는 상관 없이 거룩하신 삼위일체 하나님의 뜻에 절대 순종하는 것만이 바로 구원의 열쇠입니다.

언제인가부터(창 3:1) 사람 속에는 시시콜콜 별 참견을 다하며 남들 잘되는 꼴을 싫어하며, 시기, 질투, 미움, 원망, 짜증, 고집과 편견으로 오로지 곁길을 주장하는 "나"(자아)라는 가증스런 원수 사탄의 정체인 들보(자존심)가 자리 잡았는데, 이를 빼버리고 인류의 원수 곧 "나"(악성)를 부인하라는 그리스도 예수님의 엄중한 경고 말씀에 순종하고 주님의 가시는 뒤만 좇아야겠지요. 그렇다면 순종의 대가로 영광의 면류관을 받아쓴다고 하셨으니 뼈를 깎는다는 각오와 진한 신앙심으로 감사자가 되어서 각자 본분에 충실한 신앙인의 목적지, 곧 천국을 침노하여 들어가는 승리자들이 됩시다. 오~ 할렐루야! 아멘.

비유의 窓

1판 1쇄 인쇄 _ 2024년 10월 21일
1판 1쇄 발행 _ 2024년 10월 31일

지은이 _ 이창림
펴낸곳 _ 프라미스

주소 _ 서울특별시 종로구 이화장길 6
편집부 _ 745-1007, 745-1301~2, 747-1212, 743-1300
영업부 _ 747-1004, FAX 745-8490
본사평생전화번호 _ 0502-756-1004
등록 _ 제300-2008-17호(2008.2.22)

© 이창림 2024 ISBN 978-89-93889-28-4 03230

책값은 뒤표지에 있습니다.
이 출판물은 저작권법에 의해 보호를 받는 저작물이므로 무단 복제할 수 없습니다.
파본(破本)은 구입처에서 교환해 드립니다.